野草社

羽倉玖美子 著
辰巳玲子 協力

女三人、アリゾナを行く

ホピの太陽の下へ

マスメディアでは、「アメリカインディアン」は差別用語だとして「先住民（インディジニアスピープル）」あるいは「ネイティブアメリカン」という呼び名を使っています。しかし、彼らはむしろ自らを「インディアンだ」と言う時、先祖以来ここまでサバイブしてきた誇りと自覚を感じるといいます。ゆえにこの本では、あえて「インディアン」という言葉を使わせていただきます。

目次

ホピの太陽の下へ
女三人、アリゾナを行く

羽倉玖美子 著

辰巳玲子 協力

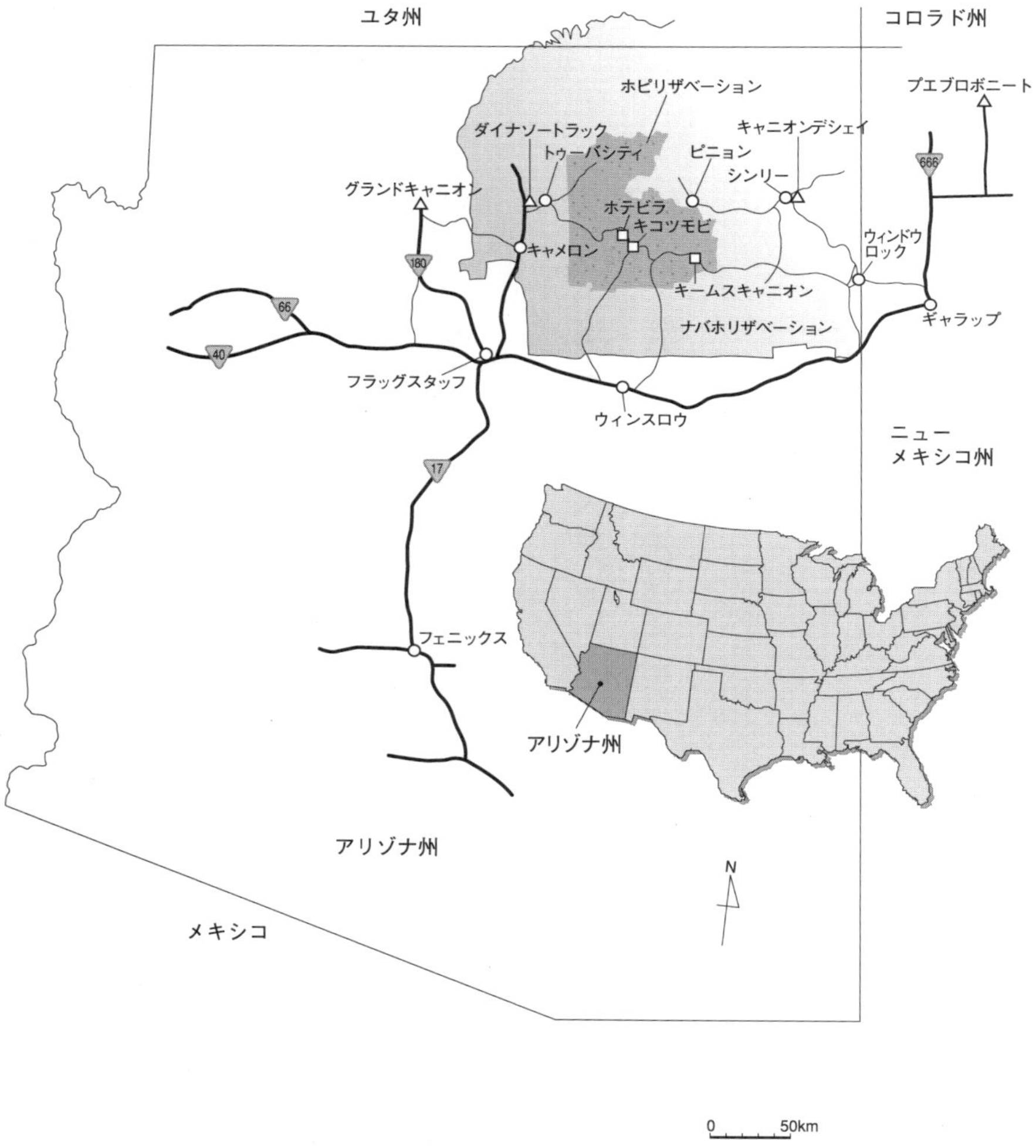

ユタ州
コロラド州
ホピリザベーション
プエブロボニート
ダイナソートラック
キャニオンデシェイ
トゥーバシティ
ピニョン
シンリー
グランドキャニオン
666
ホテビラ
キコツモビ
ウィンドウ
ロック
キャメロン
180
キームスキャニオン
66
ギャラップ
ナバホリザベーション
40
フラッグスタッフ
ウィンスロウ
ニュー
メキシコ州
17
フェニックス
アリゾナ州
アリゾナ州
N
メキシコ
0
50km

プロローグ

明日、何が起こるか本当のことは誰にもわからない。たぶんこういう風になるだろうとかこうしたいとか、裏づけもない予定や想像の中で、なんとか調和を保って生きている。だけど、とんでもない方向へ転がる時がある。

二〇〇一年の夏、思いもかけずアリゾナに行くことになってしまったのだ。私と私の友人の辰巳玲子《レイコ》と、その娘小学五年生の礼《アヤ》の一ヵ月あまりの旅は、一瞬にして決まった。

五月の連休明け、しばらくぶりに電話で話すうち、レイコがいきなり切りだした。

「そういえばハグ《ハグ》さん、アリゾナのホピ居留地に行ったことないよね。夏に一緒に行こう」

レイコの誘いの言葉に、迷いもせず私は「はい」と、即座に答えていた。この数日、私はあるくわだてをあたためていた。それはまぎれもなく「ホピ」に関することだった。そして不思議なことにレイコに電話をしようと思ったその日、私は図書館で『ホピ語辞典』なるものを偶然みつけ借りてきたのだが、その出来事にたたみかけるように、レイコの口からホピ行きの話が出たのだ。

主婦が、子ども三人と夫を置いて、一ヵ月アリゾナ!?　近所の人にこの旅の話をしたらどう思っただろうか。

そういうことになったと家族に伝えたら、誰も何も言わなかった。何も言わず快く送りだしてくれた家族に素直に感謝したが、実のところは三人の息子たちは、ひき留めても無駄と思ったのか、夫はひき留めたら離婚だと私に言われるかもしれないと思ったのか。真実を知ることが幸福かどうかわからないので、真意を確かめないでしまった。

アリゾナに降り立つ

キシカイセイ?

成田を飛び立って九時間。関西空港から飛び立ったレイコとアヤに、サンフランシスコ空港で合流する予定だ。私の方が先に着いてしまったので、少々落ち着きなく、待合いのためのロビーで立ったり座ったりしていた。周囲は英語が飛びかっている。これでレイコに会えなかったらどうなるんだろう。

「ハグさーん」

レイコが大きなリュックを担いで、到着口の通路からやってきた。傍らに白っぽいキャップをかぶり、キュロットスカートをはいた小柄な少女が立っている。私はアヤとは初対面だった。

「こんにちわ。はじめまして」

利発そうな歯切れのよい声だ。小さめの眼鏡の向こう側には、周囲から愛された証しの明るく素直な瞳が輝いていた。んーいい子だ。少女ながら、物怖じせず真っすぐに人を見つめるアヤから、度胸のよさを感じた。

ローカル線のプロペラ機に乗り換え二時間。窓から見える風景は緑の山々から、次第に赤茶けた大地へと変化する。地球の素肌という感じがする。気流のせいか飛行機が上下する。降下を一度試みるがまた上昇。旋回して再度チャレンジ。車酔いの状態になって少々気分が悪い。午後四時一三分アリゾナ州フェニックスに降り立つ。着陸した時には肩の力が抜けホッとした。空港の外に南の地方らしい木々やサボテンなど、水を含んだ肉厚の植物が見える。荷物を受けとり、空港内のレンタカーのカウンターに行く。カウンターにいたのは、気さくな二〇歳前後の日系三世の青年だった。彼がレイコに聞く。

「キシカイセイって、どんな漢字を書くの？」

起死回生のことか⁉　どうも、彼の所属するカークラブの名称らしい。しかし、なんというネーミングなのだろう。

借りた車はシボレーだった。こんな立派な高級車は、日本ではなかなか乗れない。私たちは車にその車体の色から「グレイ」とニックネームをつけ、彼女（彼？）とともに旅ができることを感謝した。荷物を積みこんで、車の運転席の前に、レイコが日本から持ってきた宮田のイーグルフェザーを置く。このイーグルフェザーは、レイコのつれあいである宮田がどこへ行くにも持っていったもので、インディアンにとってお守りのようなものだ。イーグルの羽根が、私たちの旅を先導し守ってくれることを願った。出発の記念写真を撮り、いざR《ルート》一七へ。北に向かって走りだす。レイコが時速一〇〇—一二〇キロくらいでとばす。目指すはホピ居留地に最も近い都市フラッグスタッフ。距離は一四四マイル（一マイルは約一六九メートル）ほどある。

二〇マイルほどフリーウェイを走り、四車線もあるフェニックス市内の広々とした道路を抜けると、いかにも大西部と頷かせる巨大サボテンが姿を現しはじめた。高さは一二・三メートルはあるだろうか。ようやく旅のはじめの緊張と興奮が落ち着いたのだろうか。レイコが思いついたかのようにつぶやいた。

「ハグさん、いきなり起死回生って書かされちゃったね。キ・シ・カ・イ・セ・イ、キシカイセイ……そうか！　私の起死回生！」

最後はハンドルを握りしめ、叫びにも似た声に変わっていた。レイコは自分にいい聞かせるように、あの青年の言葉を繰り返す。

●●●「ホピの予言」との出会い

私たち三人を旅に導いたもの。それは一九八六年に制作されたドキュメンタリー映画「ホピの予言」との出会いだった。その年の秋、私は科学雑誌「オムニ」（旺文社）一二月号に載っていた記事「核時代の黙示録〝ヒロシマ〟を予見したホピの予言」をなにげなく読んだ。それまでその雑誌など手にとったこともなかったのだから、今考えれば不思議なことだった。

リードには「『空から灰のつまったヒョウタンが落ちてくる』一九四五年八月六日、広島上空で炸裂した〝リトルボーイ〟の腹中につまっていたウランは、原爆の出現を予言したホピ・インディアンの聖地から採掘されたものだった」とあった。リトルボーイとは広島に落とされた原爆のコードネームである。それは、アメリカ先住民ホピ族の伝説と、核開発を進めている現代文明に対しての警告を重ねたメッセージだった。偉大なる精霊から、大地を世話する者として植えつけられたとされるホピ族の生き方とその教えを語り、今ホピの土地で起こっている問題が、地球全体の問題であり、私たちが危機的な状況に直面しているというメッセージだった。時に、日本経済がバブルに突入しようとしている時代で、すべての価値がお金ではかられる時代だった。記事の最後のデータを見ると、映画「ホピの予言」と書いてある。ああ、これは映画になっているんだ。翌日、私はその文章を書いた監督の宮田雪《キヨシ》のところに電話をかけていた。

「仙台で上映したいんです」

映画「ホピの予言」の何に惹かれたのか。思い起こせば、直感的にアメリカインディアンの世界にこれからの未来を拓く力を感じたのと、「ホピ」という名前の意味に感じいったのだ。「ホピ」それは「平和の民」という意味なのだ。

前年の八五年の初夏に、私は不思議な夢をみた。春のある朝、南西の空に閃光が走り、眠っている私の背中を焼いた。即死する瞬間に思考が走る。「核ミサイル？　原発事故？」そこで夢から覚めた。妙にリアリティのある夢で、今でも鮮明に覚えている。その夢で私が感じたのは、そのことが現実に起こってもおかしくはないということだった。翌八六年四月二六日に、旧ソ連ウクライナ共和国のチェルノブイリ原発四号炉で発生した事故は、世界を震撼《しんかん》させた。チェルノブイリの事故の報道を聞いたとき、私の頭の中には、生々しく夢の感触がよみがえってきた。

宮田はそのころ、映画「ホピの予言」の編集作業が最終段階に入り、八ヶ岳南麓のスタジオにこもっていた。そこでチェルノブイリ原発事故を知り、ホピ族の語るメッセージの重大さを再び確認したという逸話を後に語っている。

ホピ族の予言とは、文字をもたない彼らの祖先が、彼らがグレイトスピリット・マサウと呼ぶ精霊から与えられたという、ホピの創世記からはじまる物語である。石版に描かれた絵やシンボルによって伝えられ、長い年月の間、ホピ族の長老から長老へと口承で伝えられてきた。すべてを話すと、昼夜かけて三、四日かかるといわれる。

ホピの八つの村には、長老《キクモングイ》と呼ばれる独自の精神的な指導者がいる。一九四八年、ヒロシマ、ナガサキに原爆が投下されてから三年後、そのことを知ったホピの長老たちは、緊急に会議を招集した。会議の目的は、ホピ族に伝わる予言を現実の動きに合わせて再度解読することだったが、驚くべきことに、その予言の中にあるシンボルをヒロシマ、ナガサキの原爆の投下と第一次世界大戦、第二次世界大戦を併せて意味していると解読した。原爆に使用されたウランの一部は、彼らの反対と警告を無視して、合衆国政府が彼らが聖地と呼ぶ場所から採掘したものだった。

ウランのことは、予言では次のように言われていた。

「決して母親の内臓をえぐりだすようなことがあってはならない。もし、それをえぐりだした時には、灰のびっしりつまったヒョウタンとなって空から降り、やがて世界を破滅させるだろう」と。予言はさらにこう告げている。

「それが空から落ちた暁には、海は煮えたぎり、大地は赤くただれ、何年もの間、そこには何も育たず、どんな薬も医者も役に立たない悪い病気が蔓延《まんえん》するだろう」

長老たちは、予言の中にある「灰の詰まったヒョウタン」が、原爆と一致すると判断し、世界がそのまま物質的な文明を続けていけば、混乱の果てに地球そのものが破壊されてしまう危険な時代に入ってしまうことを、警告として一刻も早く世界に伝えるために、三人のメッセンジャーを選んだ。そのうち二人のメッセンジャーは他界し、宮田は一九七六年に渡米した際、ただ一人存命していたメッセンジャー、トーマス・バニヤッカに偶然出会いホピの予言を知る。宮田はトーマスとの出会いからまもなく、ホピの地へ行きカメラを回しはじめることとなる。

それから、テレビアニメやドラマの脚本執筆の仕事の合間を縫うようにして、映画「ホピの予言」の制作に携わり、七年あまりの月日を費やし映画「ホピの予言」を完成させた。監督自らフィルムを携えて日本全国一〇〇カ所以上の上映会に赴く。それらの多くは、反原発や地球環境、平和を唱えるグループによる自主上映会で、ちょうど九州の女性が、原発への疑問を書いた「まだまにあうのなら」という文章が、多くの人たちの感動を呼び起こし、全国で反原発運動が盛りあがった時期であった。自然への回帰と生態系を破壊する原発への疑問が、映画「ホピの予言」の上映を後押ししたわけで、その意味では状況と拮《きっ》抗《こう》した映画ともいえる。

映画「ホピの予言」の創りだしたうねりは、八八年のランニング「Run《ラン》 for《フォア》 Land《ランド》 &《アンド》

Life《ライフ》（大地と生命のために走ろう）」にひき継がれる。アメリカインディアンのランナーを先頭に、参加者が自分の走る距離を申告して、ランニングをつなげていく。走るという行為を通して祈りを大地に捧げるというランニングは、六月にアメリカ東海岸オノンダガからはじまり、サンフランシスコを経て太平洋を渡り、八月六日にヒロシマを出発し、核のゴミ捨て場の予定地だった北海道の幌延《ほろのべ》までつながった。

アメリカインディアンにとって「走る」という行為は、時間を競ったり目的地に向かうためのものではなく、自分の肉体を捧げて祈るという精神的な儀式なのだ。それは、私たちの生命を育む母なる大地、地球に向けられたもので、それまでそのような価値観に触れたことのない日本の若者たちにとって、映画「ホピの予言」といいアメリカインディアン・ランニングといい、それまでの自分のあり方を問い直すきっかけになったと聞く。

レイコは、日本人ランナーとして参加した。レイコは、高校時代には「カモシカ」というニックネームがついていたそうで、インターハイ出場経験をもつ陸上選手だった。体育会系のバリバリのスポーツウーマンかと思うと、彼女の印象はそれからは遠い。大学を卒業して一時中学校の体育の教師になったが、「生徒に号令をかける」ことさえ躊躇《ちゆうちよ》を感じるようで、それでは体育教師は務まらず、精神的安定を欠いて、短期間で辞めてしまうことなる。

感受性の強そうな夢見がちな瞳をたたえ、彼女は宮田雪と出会った頃のことを話す。

「もともとアメリカインディアンに関心があったわけじゃないんよ。私はずっと『何をどうやって、どこで、どのように生きるのか』の内的自問でうろついていた。やっと社会との関わりを求めはじめて、今でいうNGOとか有機農業に関わっていたけれど、何か違うんよ、何だろうと考えていた。そんな頃に映画『ホピの予言』と出会ったの。『覚悟を決める時が来たな』って直感しちゃった。もう曖昧な態度では、先に進んでいけないところまで世界は来てしまったんだ、と思った。もうちょっと待ってほしかったなあって苦笑いもしたけど」

そして自分の関わり方として、ランニングで最初から最後まで走ることを決めた。

「私は、長いこと走ってきたけど、いつも学校のためとか先生のためとかだった。自分のために、自分の内側の何かのために走ったことがなかったのよ。中学生の時以外はね」

彼女は喫茶店のバイトを辞め、身の回りを整理して、宮田に出会った二ヵ月後にはインディアンたちが「亀の島」（アメリカ大陸は亀の形をしている）と呼ぶアメリカ大陸に渡っていた。この時、旅のリュックに大切にしのばせたのが、「ホピ平和宣言」、宮沢賢治の「雨ニモマケズ」とジョン・レノンの「イマジン」の歌詞を印刷した紙切れだった。

「これが世界を変えると本気で思っていた」

最初の六週間は、平和運動グループ主宰の、東海岸をメイン州からニューヨーク国連本部まで歩くピースウォークに参加した。

「アメリカに行き、ランニングの準備ができているのかと思ったら、コースも協力者もランナーもまったくコーディネートされてなくて、雪《せつ》さんは（レイコは宮田を雪《せつ》さんと呼ぶ）各地のインディアン居留地を奔走して、ランニングの説明をして協力を依頼して歩いた。最初のランナーが走り出すまで、本当に実現するのかギリギリまでわからなかった」「すごいことはない。ただ走っとりゃええんやな。それが自分を捧げて祈ることとなんや」と一カ月走った。「まあ、インデイアンの五体投地（両手、両足、額の五体を投げ出して、徹底して仏陀への信頼を示す「チベット密教」の難行）のようなもの」その間にアリゾナにも向かい、はじめてホピの大地に立った。地平線の見える赤茶けた半砂漠の大地に臨み、

「何もないがすべてがある」

とそんな言葉が彼女の内側から湧いてきた。

恋愛の発生する条件はいろいろあるが、同じ環境でストレスを共有するというのもその

一つである。インディアンとのランニングを東海岸から西海岸までつなげ、それを日本までもってくるという前代未聞の仕事をやらなくてはいけなかった宮田の傍らにいて、ランナーとして参加したレイコは、いつしか宮田にとってかけがえのない存在となった。レイコにとって「ホピの予言」との出会いは、それまでの人生を大きく変える出来事だった。

そして宮田は、映画「ホピの予言」の英語版、ドイツ語版と作り世界中を駆けめぐった。アメリカインディアン・フィルム・フェスティバルでグランプリを受賞したのもこの頃だった。ひき続いて九〇年には、ヨーロッパでのセイクレッド・ラン（聖なるランニング）が行われた。イギリス、ロンドンの郊外ミルトンキーンズから、旧ソ連レニングラードの赤の広場までの一万一五〇〇キロの道のりを、アメリカインディアンの人たちを中心に、国籍を超えて集まった人々が二カ月かけてランニングをつなげ、ヨーロッパを走り抜けた。

その年レイコはアヤを出産し、三人で再びアメリカに渡り「ホピの予言・第二部　偉大なる浄化の日」の制作のため、フラッグスタッフを拠点として宮田とともに活動した。幼いアヤの存在は二人にとっても、周囲の者にとっても救いであったと思う。

九五年三月、突然の脳出血のため宮田はバークレイにて倒れる。そのような事態は、誰もが予想だにしていなかった。生命維持装置をつけ三週間後に何とかよみがえった彼は、発語と身体機能の自由を失い車椅子の人となり、「ホピの予言・第二部」の制作は頓挫せざるを得なかった。

レイコは慣れない異国の地で、倒れた宮田の傍らで「あのころの記憶が定かではない」ほどの激動の日々を送り、一年半後、なんとか飛行機に乗せられる状態まで回復した宮田とともに帰国した。しかし、それは終わりではなく、新たな看護と介護の日々のはじまりであり、無我夢中で七年が経った。

宮田が倒れた時、四歳半だった彼の娘アヤは小学校五年生になっていた。アメリカの旅暮らしも、元気で動きまわっていた父親の姿も、おぼろげな記憶となっている。自我が芽生えはじめたこの時期に、父親である宮田がどんな仕事をしてきたのか、アリゾナを旅しながら伝えたいとレイコは思った。そして、彼女の幼児期を養ってくれたアリゾナの大地やヒョウタンのラトル（ガラガラ）の音は、アヤの魂に何かを重ねてくれるだろうとレイコは考えた。

七年という介護の月日は、レイコの心を強くし、その優しさは深いものになった。そして「今度は『自分の足』でホピの大地に立つんだ」とそんな思いが彼女の内に満ちてきていたのだ。

宮田が脳出血で倒れて以来、レイコの生活は並大抵の苦労ではなかっただろう。左手と左足が少し動く程度で、言葉を話せない人の世話を七年間続けているのだ。少しでもよくなってほしい、という希望をさまざまなものに託しながら、自分を奮い立たせてきた七年間でもあっただろう。

宮田の介護保険の要介護度は、最高度の五である。在宅介護サービスのショートステイで一年あまり利用してきた施設に宮田が慣れてきたことと、施設との信頼関係も生まれてきたと感じたレイコは、サービス点数をめいっぱい利用して、思いきって宮田を四〇日間施設に託してきた。留守中の段取りをあれやこれや組んで、日本を発ってきたのだった。

私はといえば、宮田のこれまでの仕事を一冊の本にまとめませんかという話が舞いこみ、動きだした時にちょうど旅の話がレイコから持ちあがり、「コレハイカネバナラナイ旅」と直感した。映画「ホピの予言」の舞台となったアリゾナを知らずして、宮田の本に携われない。

●●●旅のはじめの奇妙な符合

「起死回生の意味は、滅亡・崩壊の危機を救って良い方へ行くこと、と辞書にあるけど復活という意味もある」

私は、電子辞書を片手に言った。

「フェニックスという町の名前も通ずるものがあるね。日本語で不死鳥だから。太陽の火に身を投げて復活するのよ。そういえば私の名字の羽倉も同じ」

「あれ、なんで？」

「普通、名字に倉が付くのは金融業の人に多い名前なのだけど、羽倉の意味はね、鳳凰《ほうおう》の羽の倉、天皇家の倉という意味なの。もともと私の名字ではなく夫の家の名字だけど、鳳凰は不死鳥、フェニックスよ」

そんなことを話しながら、また別のことに気づいた。

「不死鳥は太陽の鳥ということになるけど、最初に着いたサンフランシスコも太陽だわね。アッシジの聖フランチェスコのことでしょう。彼は、ブラザー・サン。太陽よ」

聖フランチェスコは、一三世紀イタリアの聖人だ。中部イタリアのアッシジに富裕な織物商人の子として生まれ、青春時代は放蕩三昧をしたが戦争経験や重い病気を経て、改心する。一九七二年のフランコ・ゼフィレッリ監督のイタリア映画「ブラザー・サン、シスター・ムーン」は、両親を捨て、ぼろをまとい清貧の生活をしながらキリストの教えに生きたフランチェスコの人生の前半を描いた作品だ。クリスチャンでない私にも、草花や小鳥など自然を愛したエコロジカルな聖フランチェスコの思想は、普遍的なものとして受けいれることができた。フランチェスコの有名な詩で「太陽の歌」というのがある。なんだか二人で不思議な気持ちになった。この「太陽」という符号の一致は何を意味するのだろう。レイコが続けて言った。

「ホピの人たちにとっても、太陽は意味があるわね。ホピ語ではタワ」

宮田が映画「ホピの予言」の上映会に必ず持っていった印刷物があった。「生命の始まりから浄化の日まで・ホピ物語」という小冊子で、ホピ族の太陽氏族《サンクラン》のダン・カチョンバ（一八七五―一九七二）が、晩年に語り残したホピの人々の間に伝わる物語だ。ホピにはさまざまな氏族があり、氏族によっていい伝えの詳細が異なるが、この物語を語り継いだのが太陽氏族だというだけでなく、物語の中で太陽氏族は特別な意味をもつ。

二人の兄弟の物語がある。東の方向へ旅立った兄が、ホピの弟が窮地に追いこまれた時に、兄弟の印である石版を持って帰ってくるという伝説だ。

やがてホピは非常に困難な立場に追い込まれるだろう。

これらの石のタブレットには、そうなった時にどうしたらいいのかも刻《きざ》まれてあった。この石版をひとつ携《たずさ》えて兄は日の昇るところまで行き、ある時そこで助けを求める弟の、望みを失ってうちひしがれた声が聞こえたら、なにはともあれその石版を持ち帰ることになっていた。

その時、弟の方はあらゆる望みを失って絶望のうちに毎日を送っていることだろう。

彼の率《ひき》いる人びとは一切の教えを捨て去り、もはや老人たちを尊敬することもないばかりか、わざわざ自分たちの生き方そのものを破壊するべく、老人たちに反旗を翻《ひるがえ》しているかもしれない。

その時互いに持ち寄った石の板が決定的な証拠となって、二人は自分たちが誰であるのかを知り、互いに兄弟であることを確認することが出来るはずだ。

彼らの母親は太陽一族《サン・クラン》に生を授けている。

彼らこそ、太陽の子供たちなのだ。

だから、この土地から太陽の昇るところまで旅をしていき、どこかで今も待ってくれているその人こそ、ホピに違いない。

（「生命の始まりから浄化の日まで・ホピ物語」ランド・アンド・ライフ）

ホピの物語によると、私たちの今生きている世界は第四番目の世界だそうだ。これまでの三つの世界は、人類が堕落して貪欲になり、大いなる霊の教えに背くようになったので、グレイトスピリット・マサウの手によって清められ、あるいは処罰された。最後の三番目の世界は大洪水で浄化されたそうだ。聖書にある「ノアの箱船」の物語を連想させる。

しかし、わずかの心ある者が大いなる霊《グレイトスピリット》とともに生きることを約束し、新しい世界に住むようになったのだ。大いなる霊は、大地や生命を守るために、ホピに「彼のすべての教えを吹きこんだ一連の聖なる石版」を与えた。石版は五枚あったということだ。そのうち二枚がホピに残り、あと二枚が失われている。残りの一枚は、物語にあるようにホピの弟が窮地に陥った時にホピの「本当の白い兄弟」がいつの日か持ち帰るのだろうか。

こんなことを話しながら、車はフェニックスからフラッグスタッフに向かった。ホピ居留地から最も近い都市で、居留地に入る前の準備をする。

レイコが時々、

「懐かしい！」

と叫ぶ。私にとってははじめての場所だが、レイコには宮田とアヤと暮らした思い出深い場所だ。彼女がフラッグスタッフを訪れるのは、九六年夏以来五年ぶりだった。カリフォルニアで倒れた宮田の看護生活が一年半過ぎ、ようやく帰国のめどが立ち、たった一人で貸倉庫の整理に来て以来だった。その時には、ホピ居留地まで足を延ばすことはなかったので、ホピ再訪は実に七年ぶりとなる。レイコは荷造りを終え、大急ぎでフラッグスタッフを走り去る時、レンタカーのルームミラーに映ったホピの聖山「サンフランシスコピークス」に向かって、

「必ずまた戻って来るからね」

とさまざまな感慨で胸つまりながら告げたという。再びその地を訪れ、彼女の脳裏には過

去のさまざまな出来事がよぎっただろう。

この時、レイコはフェニックス空港までの一六〇マイルの道のりを時速八〇マイルで飛ばしに飛ばし、通い慣れたこの道の最短時間を樹立し、フライト五分前に駆けこんだそうだ。メロドラマに終わらないところがレイコの真骨頂かもしれない。

レイコは運転をしながら、空や雲に向かって挨拶をした。

「また、来たよう! よろしくね」

夕日が美しい。バラ色とトルコ石の色が空のキャンバスで混じりあい、美しい紫色を作りだす。雲が太陽の残光を反射して、オレンジ色に輝きはじめた。ふと西の方に目をやると細く長い雲が、西から北東にかけてすうっとたなびいている。そしてどんどん伸びていく。

龍? 蛇? 私たちの進行方向の空は、その雲で占められた。私は思わずカメラのシャッターを切る。路肩に車を止め、三人で外に出た。あっという間に、雲の形が崩れ消えていった。何だったんだ? 今の現象は。

龍や蛇は「ながもの」といって、古い日本の信仰では同じものである。そしてその「ながもの」たちは雨のスピリットで、台風や雷雨、突然思わせぶりに降る雨など、天候の変化を伴って現れる。そういえば、私が仙台を出たその夜はものすごい雷雨で、滝のように流れる雨の中夜行バスに乗った。レイコたちの方も関西空港までの道々、目の前も見定められないほどのどしゃ降りに見舞われたという。インディアンは事の前に雨が降るのは「グッドサイン」だという。祝いであり、浄めなのだ。こんな時、私たちは日本式に「龍神様が喜んでいる」と単純な合意に達する。

「この旅が守られて良いものになりますように」

と私たちはお祈りした。

やがて、暮れなずんでいくフリーウェイの先に、サンフランシスコピークスが見えてきた。フラッグスタッフだ。よく見ると、その山の上に鳳凰《フェニックス》の形をした雲が、夕映えを受けて浮かんでいるではないか。私たちは声をあげた。

「歓迎されている！」

本当のことはわからないが、旅のはじまりにこのようなサインがあるというのは、何か守られているという気がする。こんな風にして見えない力は、私たちにわかるように示してくれるのかもしれない。雨といい、雲といい、これがインディアンウェイというものだろうか。いよいよホピの聖地に入ったのだ。

●●●アメリカインディアンの大地へ

日本の湿気を含んだ空気の中で、あふれるような緑の風景を見慣れた目には、アリゾナの地は、荒野という言葉がぴったりに思える。半砂漠の大地には乾いた色彩の草がやっとの思いで生え、その中を舗装された道路が地平線まで伸びている。

しかし、その荒野にも生命の輪をつなぎ、生きているものがある。赤みがかった砂の間に、ブッシュと呼ばれる砂漠特有の背の低い草たち。皆、貴重な水分を少しでも逃すまいと葉は小さく肉厚だ。過酷な環境の中で、体内に水を蓄え、花をも咲かそうとしている姿は、けなげでたくましい。そして時おり、その間をトカゲや蛇が走る。気温は摂氏四〇度を超えているだろう。熱い空気の層の向こうに紫がかった台地《メサ》が揺らいでいる。

そして、荒野に住むのは、ネイティブアメリカンと呼ばれる先住民の人々。かつてアメリカ大陸のどこにも住んでいたが、コロンブスがやってきた一四九二年以来、数々の苦難の果てに、居留地《リザベーション》と呼ばれる場所に追いやられてしまった。五〇〇年あまりの間に絶滅を強いられた部族は数えきれない。現在のアメリカインディアンの人口は約一四〇万人で、部族《トライブ》数は合衆国で約五〇〇にもおよぶ。正確な部族数はよくわかっていない。一つひとつの部族は独立したクニとしてアメリカインディアンの人たちにとらえられている。

アメリカ南西部、アリゾナ、ユタ、コロラド、ニューメキシコの四つの州が交差している部分をフォーコナーズという。コロラド高原《プラトー》といわれる半砂漠の地域と、グランドキャニオンなどの巨大な渓谷に囲まれたそこには、人口約一〇万人、アリゾナ州全体の四分の一という広さをもつアメリカインディアン最大の部族、ナバホ（彼ら自身の言葉で、「ディネ」と呼んでいる。人々という意味だ）の居留地があり、そのほぼ真ん中には、北米最古の部族といわれるホピ族の居留地がある。ホピ部族政府に登録された人口は、二〇〇〇年時点で約一万人だが、登録者の多くが居留地の外で生活しているのと、登録は強制ではなく個人の意思に任せられているので、正確な人口はわからないという。

その場所はアメリカ大陸の背骨でも心臓部でもあり、地球規模の自然エネルギーの震源地でもあると、彼らによって信じられてきた。もし、この場所が破壊されたら、ナバホやホピの土地だけの問題ではなく、天候の異変や、海流の変化、火山の噴火、地震、嵐や洪水など全地球的な変動が起きてしまうと彼らは言う。私たち三人の目的地は、そのホピ居留地の中のホテビラ村だったが、この旅が三人それぞれにどのような展開をもたらすことになるかは、この時誰も知らなかった。

フラッグスタッフでショッピング

すっかり日は落ち、夜の闇の中にモーテルの光が浮かんでいる。午後八時過ぎやっとフラッグスタッフに着き、レイコは以前泊まったことがあるアリゾナインモーテルの敷地に車を入れた。日本ではモーテルというとちょっとばかり別な意味になってしまうが、車社会のアメリカでは、簡易で安いモーテルは、とても便利な宿泊施設なのだ。中に入るとベッドが二つ、間に傘つきのライトがある。傍らにあるベンチはひきだしがついており、デイパッグくらいの大きさのものなら、二、三個すっぽり入る。便利そうに見えたが、忘れやすい私は使わないことにした。

近くのチャイニーズレストランで夕食をとる。ここもまた、レイコにとって宮田との思い出の場所だ。ワンタンスープとエビの料理とライスを注文する。ライスがあまりそうなので汚さないうちにと、私はラップでくるむ。明日の朝のお粥くらいにはなるだろう。こういうところが主婦感覚である。ラップを持参しなくても、どこの店でも残り物を持ち帰るコンテナが用意されていることを後で知ったのだが。日本もこんなところはアメリカの真似をしてもいいなと思う。

食事の一番最後に、中国茶とフォーチュンクッキーという焼き菓子がついた。三角の小さな菓子を割ると、おみくじが入っている。同じテーブルを囲む者同士が、互いのクジをのぞき合い、相手を指して笑い合ったり、ウーンと唸ったり。食後のひとときをこうやって楽しむ。これがアメリカのチャイニーズレストランでのお決まりなんだそうだ。私の菓子の中には、Faith moves mountains.（思いは山をも動かす）とあった。レイコは自分のクジを見て首をひねっている。アヤはそれにはとんと無頓着で、このフラッグスタッフで離乳食として味を覚えたワンタンスープをおなかに入れてご満悦だ。さあ、どんなかしまし三人旅が展開するのだろう。

翌日、朝の光で目が覚めた。私は時差ボケのせいか、よく眠れなかった。はじめての場所で興奮しているのもあるだろう。朝ご飯を、買い物がてら近くの自然食品店でとることになった。ニューフロンティアという名の自然食品店は、ガラス張りの明るい店で、日本式に表現したら一〇〇坪はあるだろうか。その量と種類は日本の自然食品店の比ではなかった。豆腐一つとっても何種類もあり、選べるのだ。自然食品店といえども「豊かなアメリカ」の店だった。米や雑穀、小麦粉やコーンの粉などの穀類ははかり売りで、自分で袋に詰め、はかりに載せ、グラムあたりの価格を設定しボタンを押すと、入れた分の価格が打ちだされたシールが出てくる。それを貼ってレジまで持って行くというわけだ。

窓際にはシンプルなデザインのテーブルと椅子が並べられ、店の奥にあるはかり売りの総菜屋さんで買ったスープやサラダ類を食べられる。これが「デリ」こと「デリカテッセン」だ。そこで使われているのは使い捨ての無漂白の紙皿やコップだが、もったいないので私たちは、一度使ったものを持ち帰ってまた使った。商品が置いてある店と小さなレストランを仕切るのは背の低い白いボードだったが、たくさんの小さなフックにさまざまなパンフレットがかけられていた。ヨーガのクラス、東洋医学の治療院のパンフレットに混じって、若いアメリカインディアンの芸術家による前衛作品の個展のパンフレットがあったのが、印象的だった。

ニューフロンティアでは、これからの旅で私たちが使う「自然に還る」シャンプーや、無添加の味噌や醬油、ベーグルやジュース、カリフォルニア米、人参、タマネギ、ジャガイモ、果物などを買った。その後、大型スーパーに行ってクーラーボックスや小型の電気釜《ライスクッカー》なども調達した。水はアリゾナの砂漠の旅には必需品だ。スーパーにははかり売りの浄水もあって、一〇ガロン（一ガロンは約三・七八リットル）ほど入る容器二つに水を詰めた。

大型スーパーといえば余談がある。三人でショッピングをしている最中、突然雷の音が聞こえた。ガラガラガラ……どこで？　遠くに音が聞こえたにしては、妙に発信源が近い気配がある。三人でキョロキョロあたりを見渡したら、再び雷の音がした。雷の音に続いて、野菜のショーケースの上部から水蒸気が吹きだし、サラダ用のレタスやキュウリに降り注いだ。雷の多いアリゾナ州ならではの遊び心なのだろうか。思わず吹きだしてしまった。

レイコは、日本からキャンプ用のガスレンジとテントを担いできた。私は、登山用の炊事道具と食器をリュックに詰めてきた。あとは各自、焼き海苔や鰹風味のだしの素など、アメリカでは手に入りにくいものを持ってきた。できるだけ経費を切りつめ、自炊しようという魂胆である。自炊する場所は、モーテルの部屋の中やキャンプ場などである。モーテルでは、洗面所かベッドのそばの電源を使って電気釜でご飯を炊き、ガスレンジでスープ類を作る。さっそく、夜は自炊となり、ベッドのそばの傘つきライトの下で、電気釜が湯気をあげた。

アリゾナ州はアメリカで二番目に大きな州で、フラッグスタッフは、フェニックス、ツーソンに次ぐ州第三の街だ。標高二三〇〇メートルという高地にある都市で、北にあるサンフランシスコピークス（海抜四二一四メートル）では、冬にはスキーが楽しめるとのこと。

北アリゾナ大学があり、人口の三〇パーセントが学生で、日本からの留学生もいるようだ。グランドキャニオンに近いこともあってホテルやモーテルが多く、ブティックや骨董品のお店が並ぶさまも学生街の雰囲気がある。

そのような街の表情とはうらはらに、西部開拓時代にはフラッグスタッフは騎兵隊の駐屯地だった。一八七六年にこの地に着いた開拓民が、七月四日のアメリカの独立記念日に、高い松の木の皮を剝ぎ旗竿として星条旗をひるがえしたところからこの地名がついた。それまでにインディアンと白人の間に、どのような悲惨な闘いがあったのか想像するのも辛い。フラッグスタッフを通る旧R六六は、テレビドラマや歌で有名だが、ここはカリフォルニアに向かう開拓者が、幌馬車で通り抜けた道なのだ。

買い物をしながら、レイコがアヤと宮田と暮らしていた家にも行ってみた。街の中心から少し離れたローウェル天文台のある丘のふもとに住宅街があり、こぢんまりとした建物が建ち並んでいた。レイコたちが住んでいた八年前、大家さんは「あなた方が出たら、すぐに壁の色を塗り替えるつもり」と言っていたそうだが、

「何も変わってないわ」

とレイコはつぶやいた。その住宅街の近くには公園もあり、時々アヤを連れて遊びにきた

そうだ。今回もアヤは幼い時と同じように、その公園の滑り台などの遊具で遊びまわった。燃えるような赤の大きな花が、公園の周囲に彩りを添えていた。

グランドキャニオンに花束を

フラッグスタッフに三泊して、時差ボケも解消した七月二〇日の朝、グランドキャニオン経由でホピ居留地に向かう。フラッグスタッフからR一八〇を一〇〇マイルほど北上すると、グランドキャニオンに着く。

本格的に私たちの旅がはじまる。レイコは日本から一枚のCDを持ってきた。山梨県白州町で、地域分散型自給自足的社会をめざすNPO「えがお・つなげて」を主宰している曽根原久司《そねはらひさし》さんの作曲した「ノマド」という曲と子守歌のCDだ。ノマドとは遊牧民のことで、レイコをイメージして作られたそうだ。曽根原さんとはアリゾナへ旅立つ二カ月前に出会った。それだけの期間で、曲を作ってもらう（作ってあげる）関係になるというのは、レイコの才能である。そして、レイコは確かに遊牧民っぽいかもしれない。その時々の風に乗って足の向くまま気の向くままという、何にもとらわれない雰囲気が彼女にはある。そのような彼女だから、幼かったアヤを抱えて宮田とアリゾナで生きていけたのかもしれない。私たちの旅のオープニングはこの「ノマド」の曲ではじまった。

「旅の間に歌詞をつけてください」

と、曽根原さんからの話だったけど、どこで息継ぎするんだあ？　この曲……。

アヤは、

「荷物になるからやめとき！」

と何度も言う祖母の忠告を振りきってトランペットを持ってきた。アヤは、音感やリズム感がとっても良い。制止しなければ一日中歌ってるか、さもなければお喋りしている。道中アヤの歌声にずいぶんと力づけられた。彼女の夢のひとつは、グランドキャニオンでトランペットを吹くこと。もうすぐ夢が叶うぞ。

私は、携帯カイロと、頭を冷やす携帯保冷材。真夏のアリゾナで携帯カイロ⁉　誰が聞いても驚くだろうが、日中は暑いが夜間は涼しくなるアリゾナでは、けっこう重宝するだろう。それにアメリカでは、どこにも携帯カイロは売っていない。

フラッグスタッフからしばらくは、緑豊かな風景が続いた。背の高い杉の木が道の両脇に生え、その足もとには色鮮やかな野の花が咲き乱れている。濃いピンクにオレンジ色や黄色、そして鮮やかな青みがかった紫。アメリカのテキスタイルや刺繍やパッチワークの本を見た時、日本人の色彩感覚とは違う派手さがあると思ったが、これはアメリカの自然から培われた色なのかもしれない。日本では見かけない花々に、思わず車を止めて、お花摘みがはじまる。野の花はきっと創造主の生命《いのち》の彩り、生命の悦び。それを手折るのは気がひけたが、一つひとつに、

「ごめんなさいね。少しくださいね」

と断りながら摘んだ。花束が二つできた。フラッグスタッフのスーパーで買った花を含めて三つの花束が、私たちと同乗した。

実は、私が旅支度をしている時に、友人のKから電話があった。彼女は私のアリゾナ行きはまったく知らず、電話をかけてきた。アリゾナに行くと話したら、

「お願いがあるんだけど、聞いてくれる?」

と、彼女はそれまでとは違う雰囲気で話しはじめた。

「昔の恋人がグランドキャニオンで身投げをしたの。こんなタイミングであなたに電話したのは、なにか意味があるのかもしれない。彼のために谷にお花を投げてくれるかしら」

そんないきさつがあって、私たち三人は花束を作ることになった。

はじめて見たグランドキャニオンは、私の息子たちだったらひとことと。

「すげえ!!」

幾重にも積み重なる地層が色とりどりのグラデーションを作り、何億年とも何十億年とも人間の時間の感覚では計りしれない、太古からの大地がそこにはあった。悠久の時間が作りだした造形。谷間の下の方には道が見える。遠くにあるのに飛び降りて着地ができそうに思ってしまうのも不思議な感覚だった。グランドキャニオンは、最古層で二〇億年前のものだそうだ。まだ海底だったころに堆積物が一六〇〇メートルもの厚さに積もり、プレートの衝突によって隆起してコロラド高原となった。地下水や雨水がコロラド川となり、掘り削った跡がグランドキャニオンで、長さ四五〇キロ、最大幅三〇キロ、深さは一六〇〇メートル以上ある。

ブライトエンジェルトレイル（聡明な天使の小道）という名前に惹かれて、三人で展望台から谷に降りる道に入った。他に観光客がいないのをみはからって、三人で手を合わせお祈りをした。

そして柵も低木もない開けた場所から、Kの思いを花束にゆだねるように、勢いをつけてはるか谷底めがけて投げた。三つの花束は宙に舞い、崖の下に吸いこまれるように散っていった。

パーキングに戻るために道をひき返そうとしたら、足もとに何かいる。野生のリスだった。アヤが歓声をあげる。後ろ足で立ってアヤにおねだりをする。「餌をやってはいけない」と、書かれたプレートが所どころに貼ってある。それがあるということは、時々観光客に貰っているのだろう。

「何もないのよ」

と、断ったら崖をあっという間に下っていき、見えなくなった。

崖《リム》に沿って道路がついているので、眺めのよいポイントで車を止めグランドキャニオンの壮大さを味わった。まったく人のいないポイントで、チャンス!!とばかりアヤはトランペットを取りだし、ミッキーマウスマーチを吹きはじめた。下で聞いている人がいるかしらと思った。

グランドキャニオンには、ハバスパイという部族が住んでいる。以前テレビのドキュメンタリー番組で紹介されたハバスパイの地では、豊かなグランドキャニオンの水が滝となって落ちる美しい淵で、部族の女性が若々しい小麦色の肌を惜しげもなくさらし、泳いでいた。健康的な美しさに満ちた場面だった。しかし、今は環境破壊が進み、その頃の面影はないと聞く。

絵はがきの写真になっているデザートビュウというポイントではガソリンスタンドやみやげ物店があって、私たちはそこでグランドキャニオンならではの書籍やインディアン音楽のCDを買った。CDは、一枚はカルロス・ナカイというナバホのインディアンフルート奏者のもので、日本にも来たことがあるので、聴いたことがある人もいるだろう。もう一枚はやはりナバホだが、シャロン・バーチというシンガーソングライターで、英語とナバホ語で歌っている。車内で聴く音楽は、日中は明るいシャロン・バーチの歌で、夕方になると異世界の雰囲気のカルロス・ナカイというスタイルになった。アリゾナの風景を見ながら彼らの音楽を聴いていると、まるで映画のワンシーンの中に自分たちがいるようで、現実なのに夢の中にいるような気分にひたる。

●●●恐竜たちの栄華の跡

グランドキャニオンからすぐにホピ居留地に入る予定だったが、疲れがでてキャメロンのナバホが経営するドラッグストアの空き地に車を止め、お昼寝となった。一時間ほど仮眠して、今晩は、ホピ居留地の手前のトゥーバシティに宿泊することにした。その手前にダイナソートラックがあるという。

「ダイナソートラック？」

どうも英語だとピンとこない。

「恐竜の足跡が残っているのよ。以前、アヤと雪さんとで来たの」

もう夕方だった。恐竜の足跡がある場所はオレンジ色に輝いて、三人はその光の海の中にいた。少し離れた場所に一人の男が立っていて、私たちに近づいてきた。ガイドをさせてくれと言う。ナマズひげを生やした、小太りのナバホだった。足跡や翼の跡、そして大人の手の中に入るほどの恐竜の卵の化石。びっくりするほど鮮明で、しっかりと残っている。今から約六五〇〇万年前の白亜紀末期のわずかな時期に大量死した恐竜。ナマズひげの彼の話だと、突然何かが起こらなければ、このように鮮明に残ることはないという。何かって……？


恐竜が絶滅した原因については、様々な説がある。いん石衝突説、火山噴火説、伝染病説、便秘説（?）、天候の変化説……。その中で今一番有力視されているのが一九八〇年代に唱えられたいん石衝突説だ。アメリカの地質学者ルイス・ウォルターとアルヴァレッツ親子がいん石衝突説の裏づけにしたのは、「K—T境界層」と呼ばれる特異な地層の発見による。ウォルターは、イタリアのガビオの白亜紀の地層に、地球上ではあまり存在しない元素イリジウムが通常の量の二〇倍も集中して含まれていることを発見した。いん石など多く含まれるイリジウム。層を作るほどのいん石なら直径一〇〇キロ以上のクレーターが残っていないといけないらしい。

しばらくの間、いん石衝突による絶滅説が推測の域を出なかったのだが、一九七八年、当時メキシコ湾全域で進められていた石油調査の過程で、海底に巨大な陥没地形が発見された。一九八一年に調査のデータを探査地質学会の年会に報告したが、学会には石油探査の科学者しかいなかったので無視された。しかし、ウォルターのイリジウムの量の調査により、カリブ海周辺やメキシコ湾岸のK—T境界層の厚みが一メートルや二メートルもあり、中には九メートルという場所もあることがわかり、そのクレーターの存在が注目を浴びるようになった。

こんにち「チクシュルーブクレーター」と呼ばれているものである。二〇〇二年二月のスペースシャトル・エンデバーのレーダー波地形測定機の観測で、クレーターの全貌が明らかになった。直径一八〇キロ、深さ九〇〇メートルで、衝突したいん石（小惑星または彗星）は直径一〇—一六キロといわれ、この衝突により、恐竜を含む地球の全生物の七〇パーセントが死滅したといわれる。

そしてこれまでは、巨大いん石落下で巻きあげられた大量の岩の破片や塵が何年にもわたって太陽光をさえぎり、気温が下がり恐竜が絶滅したという説が有力だった。しかし、アラスカ大学地球物理学研究所のバージル・シャープトンのグループの研究により、いん石落下の影響で大気中での何らかの化学反応が起こったのではという説が二〇〇二年に発表された。チクシュルーブクレーターの地底には炭酸塩岩や硫酸塩岩が存在し、いん石落下の衝撃で気化し空気中の硫黄と二酸化炭素の量が一気に増大し、二酸化炭素中毒で窒息したのではないか、とされる。

これに加えて、さらに風変わりな説も発表された。カリフォルニア大学の宇宙生物学のブルース・ラネガーの研究チームの報告だ。太陽系の歴史について研究していたこのグループは、物理公式や惑星の軌道データをコンピューターにプログラムして、太陽系モデルを作った。そのモデルで太陽系の歴史をたどっていったら、偶然にも約六五〇〇万年前から水星の軌道が変わるという答えがはじきだされた。恐竜の絶滅期と重なる。直接水星の軌道の変化が地球の環境に影響を与えたのではなく、軌道の変化が小惑星ベルトのいくつかの軌道に影響し、それがいん石となって地球に衝突したという仮説だ。あくまで計算上のことだが。

恐竜の足跡にアヤの手を当ててもらった。アヤの小さな手の八倍から一〇倍はある。今生きているアヤの手を当てると、何億年も前の恐竜の足跡に命が吹きこまれたような気がした。不思議だ。その時代、繁栄を誇った恐竜があっという間に絶滅したのだ。人間でさえもその可能性がないわけではないと思った。ただ人間の場合、自らの首を絞めているのだが。

ナマズひげの彼は、化石で作ったという朱茶色した亀のペンダントを見せてくれた。レイコは、それをアヤのために買い、加えてガイドの謝礼にと一〇ドル紙幣を渡した。彼は「サンキュー」と言って小さなデイパックを背負い、夕日の中をトボトボと帰って行った。「ああ、もっとチップをはずんであげたらよかった。彼は、ガソリンを買うお金がないんだよ」

レイコの視線の先には、軽トラックが置き去りにされていた。レイコの話だと、居留地内では車は必需品なので皆もってはいるが、維持する現金に困っていることがよくあるという。遠くの山の影にすっかり日が落ち、夜の空気が私たちを包んだ。暗闇の中に軽トラックの姿が見えなくなり、なにか寂しさのようなものが私たちの心の隅に入りこんだ。

トゥーバシティは犯罪が絶えず、パトカーのサイレンの音がひっきりなしに聞こえる。

安いモーテルは恐いし、疲れてヘトヘトだった私たちは、えーい！ 背に腹は変えられぬということで、明々と蛍光灯の光がもれる、見るからに高そうなホリデイインというモーテルに入った。例によってここでも自炊。洗面所の鏡の前に電気釜を置き、ご飯を炊く。電話のあった丸テーブルの上には、キャンプ用ガスレンジ。どうも部屋が立派だと、自炊は気が引ける。バスタブを使ったあとは、そのお湯を捨てずに洗濯をする。滴が落ちないようにきっちり絞り、洗濯したものをバスタオルにくるみ、また絞りあげる。少しでも早く乾くようにという知恵だ。それぞれ今日一日の出来事をメモにとり、やるべきことを終えると、私たちは倒れるように眠りについた。

踊りという祈り

ホピ・サードメサのホテビラ村

翌朝、私たちはゆっくり目覚めた。窓の外には芝生のバックヤードが広がっており、大きな木が心地よさそうな木陰を作り、時おり、ヒヨドリくらいの大きさの鳥が枝から枝へと渡りあっている。スプリンクラーが回って、鮮やかなグリーンが朝の日差しを浴びてキラキラ輝いている。さすが一部屋六八ドルのモーテル。昨日まで泊まっていたフラッグスタッフのアリゾナインの倍額なのだから！　それでもやっぱり朝食は自炊のお粥。夕べの残りご飯がもったいないもの。アヤも文句も言わずに食べている。

さあ、アリゾナに立って四日目。いよいよ私たちはホピ居留地に入る日を迎えた。車のガソリンを満タンにし、生鮮食料品を買いこんでトゥーバシティを後にした。R二六四に入ると、すぐにホピのモエンコピ村だ。ここから目的地のサードメサにあるホテビラ村まで四〇マイルの道のり。居留地に入るといっても、ゲートやフェンスがあるわけではない。アメリカ政府が自分に都合良く、地図上に線をひいて囲っているだけだ。

ホピの人々の多くは、標高一八〇〇メートルにあるメサと呼ばれるテーブル状台地の上に集落を作って暮らしている。このように定住農耕生活を営んでいるアメリカ南西部の先住民は、プエブロインディアンと呼ばれている。プエブロとはスペイン語で町や集落を意

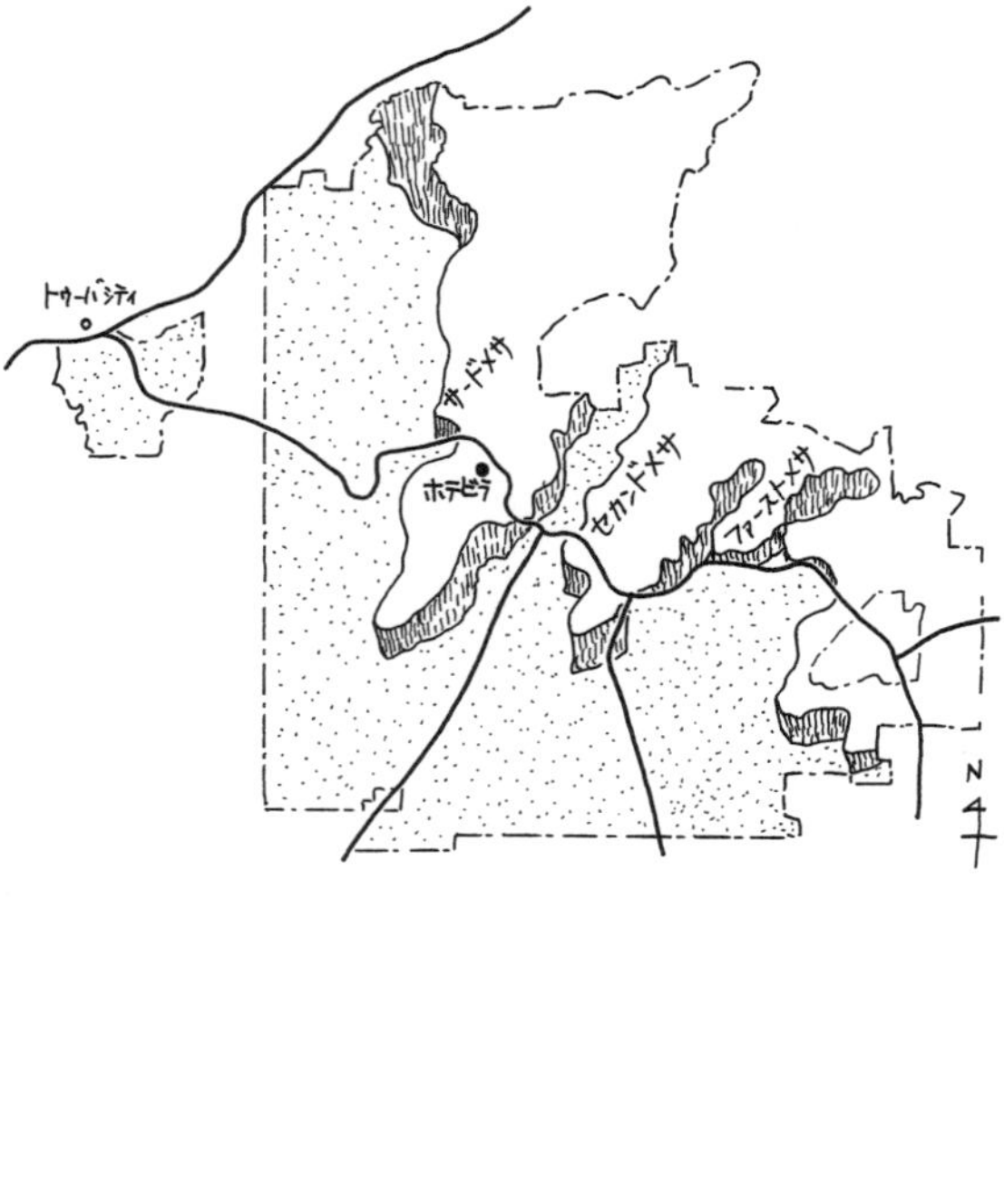

トゥーバシティ
サードメサ
ホテビラ
セカンドメサ
ファーストメサ
N

味する言葉で、箱形の部屋を何層も積みあげた住居の形に由来している。ホピ族のほか、隣のニューメキシコ州にはズニ、アコマ、タオスなど先祖伝来の土地に暮らすプエブロインディアンの人々がいる。伝統的にはトウモロコシを主食とし、カボチャなどのウリ類や豆類の野菜を育ててきた人たちだ。

さてホピ居留地には三つのメサがあり、それぞれ東からファーストメサ、セカンドメサ、サードメサと呼ばれている。太陽が昇る順番だ。R二六四に沿って約八〇マイルの間に、一二の村が点在している。モエンコピ村を過ぎると、赤茶けた砂漠と地層をむきだしにした台地がなだらかな起伏を作り、その繰り返しの風景の中を進んでいく。途中、集落もストップサインもない。ずっとアクセルを踏み続けるレイコが、太股の筋肉がこわばってきたとぼやく。たまにすれ違う車のドライバーはホピかナバホのいずれかで、すれ違いざまに「異邦人だな」とこちらをいちべつしていくのがわかる。車が立派なシボレーだからか。

小一時間も経っただろうか。レイコがはずむような声で言った。

「見えてきたよ。あれがサードメサだよ！」

見ると砂漠の向こう側に、テーブル状の台地が横たわっていた。車がメサに近づくにつれ、その上に集落らしき輪郭が形を現した。道路脇のトウモロコシ畑も人の営みがここにあることを知らせてくれた。レイコはアクセルを深く踏みこみ、サードメサの急な坂を一気にのぼりきった。そこが、私たち三人の最初の目的地、ホピのホテビラ村だった。

ホテビラには、レイコたちが以前より親交のあるマーチン・ゲスリスウマ氏と、その娘婿であるエメリー・ホルメス氏が住んでいる。共に、数少ない伝統派といわれる人たちだ。マーチンは、火氏族《ファイヤークラン》に属し「ホピ物語」に出てくる石版の一枚を管理してきた人だ。この村は、一二ある村の中では一九〇六年に創られた比較的新しい村だが、外部の人たちからは「伝統派最後の砦」として知られている。

ホテビラ村創設についてのいきさつは次のようなものだ。

> ホピ族の祖先たちは、何世紀にも渡って、その聖地を破壊しようとするアメリカという外国の支配と戦い続けてきました。
>
> 今世紀（二〇世紀）の始め、アメリカ政府は同化政策のためにホピの子どもたちを全寮制の学校に送り込み、部族の言葉を禁じ英語を話すことを強要して以来、彼らの生活に数限りない脅迫と弾圧が加えられ、ホピの内部に大きな混乱と分裂が生まれました。

アメリカの外圧に服従した人々は、アメリカ政府からは「進歩的なホピ」と認められましたが、反対にグレイトスピリットの予言と教えに従おうとする本来の伝統的な指導者や聖職者の長老たちは、近代の生活に適応できない「抵抗者」あるいは「敵対者のホピ」と烙印を押されたのです。その抵抗する人々を引き連れ、預言を実現すべくホテビラ村を創設したのが、火氏族《ファイヤークラン》の石版の管理者だったユキウマ（一八八〇―一九二九）です。〈中略〉

ユキウマの願いはひとつしかありませんでした。それは言うまでもなく白人の指図や干渉を受けることのない自由を確保することでした。ホピ族が二〇〇〇年以上に渡って守ってきたグレイトスピリットの預言に従い、伝統的な食物の栽培と大地の世話の仕方を子どもたちに教える自由を保証してもらいたかったのです。

ユキウマは政府の強要するアメリカ式の教育を受けたら、この伝統的な道は消失してしまい、部族の中に摩擦と分裂が引き起こされるであろうことを知っていたのです。アメリカ式の学校教育というものが伝統を破壊し、グレイトスピリットの教えを消失させ、それは最終的にはホピの村の破壊だけではなく、地球全体のバランスの破壊まで及ぶことをユキウマは恐れていたのです。

（「ランド・アンド・ライフニューズレター」10号）

マーチンは、ユキウマの甥にあたり、ユキウマのスピリットをひき継いでいるといってもいいだろう。

「この木はリンゴでね、小さな実がなるんよ」

レイコは、懐かしそうに村の中の一つひとつを確認するように見まわし、再び訪れることのできたうれしさに声を弾ませた。私たちはアスファルト道路から、村はずれの砂道を通って、集落へとゆっくり車を進めた。やがて、コンクリートブロックを積んだ二階建ての家の前に着いた。そこがマーチンの娘ミルドレッドとおつれあいのエメリーの家だった。

「レイコ!?」

エメリーは、意外な訪問者に驚きを隠そうともせず、再会の喜びを顔一面に表しながらその大きな体でレイコを抱きしめた。エメリーとミルドレッドとしっかり抱き合うレイコの表情はみるみる泣き顔に変わっていく。

「あそこのテーブルの下に隠れてこっそりバターをなめていたアヤが、こんなに大きくなったのか」

アヤの方を見て、エメリーの鋭く大きな目が、度付サングラスの奥で細くなった。エメリーにからかわれて、アヤは照れている。私も簡単に自己紹介をした。カウチに座って宮田の様子や、お互いの近況をひとしきり話をすると、私たちはここの近くに住むマーチンを訪ねることにした。

高くのぼった太陽が、家々やその周りの砂地を眩しく反射させ、乾いた集落の上に輝いていた。マーチンの家は、エメリー宅から歩いて一、二分の所にあった。窓を小さくとってある伝統的な石組みの家で、冬暖かく夏涼しい造りになっている。ハローと言って、網戸のはめこんである扉をノックすると、中から「カムイン！（入って）」と勢いよく声が返ってきた。入ると戸を隔てて自然光だけの薄暗い家の中に、ひんやりとした空気が保たれていた。

マーチンは、小柄ながら七九歳と思えないがっちりとした体格の持ち主だった。白髪を後ろで結わえ、前髪を直線に切ったホピの伝統の髪型をしている。ここでも、レイコとアヤは感激の再会を果たした。マーチンのおつれあいのマイナはカウチにもたれるように深々と腰掛けていた。体調を崩しているらしく、自力で立ちあがるのも困難な様子だった。目の前にいる少女がアヤだと分かると、それまでの視線が定まらない様子から一変して、

「オー！　アヤ」

と、招き寄せて彼女を抱きしめた。

「宮田の具合はどうだ？」

マーチンはレイコに尋ねた。レイコの説明にマーチンは一つずつ確認するように、うなずきながら聞いていた。マーチンは感情をあらわにはしないが、実直で落ち着いた雰囲気をもち、意志の強そうな光を目に漂わせていた。

ちょうど昼食時らしく、テーブルの上には料理の皿が並んでいた。私たちも伝統料理の、トウモロコシと豆のスープとフライブレッド（揚げパン）をごちそうになった。スープは素材の味が活きていて、シンプルなおいしさだ。農薬も肥料も使わず、砂漠の中で自然農法で育てた野菜だからだろうか。

「雪さんはね、ここんちのスープが一番だっていつも喜んでたんだよ」

とレイコが言った。宮田もかつて何度もこの食卓を囲んだことだろう。私はフライドブレッドをほおばりながら、またこの場所に来る機会があったら、車椅子ごと宮田を連れて来たいと思った。レイコは宮田を話題にしながら、どのように感じていただろうか。

テーブルのめいめいの皿の前に、ちぎったフライドブレッドのかけらがこぼれている。

観察していると、自分の口に入れる前にフライドブレッドをちぎって、皿の傍らに置くのだ。たずねてみると、精霊に捧げる分だという。私たちが食事前に「いただきます」と手を合わせるように、ホピの人々にとって精霊とともにある生活が自然なことなのだ。

マーチンの家では、いまだに電気は通さず、夜はランプを灯し、慎ましやかな暮らしが保たれている。ホピの他の地区では、電気も水道も通っているところがあるが、ホテビラ村はグレイトスピリットの教えを守り、一〇〇年近くの間近代化を拒否し続けてきたと聞いている。しかし、長老たちが一人欠け、二人欠けしていくうちに、それを守り続けていくことは困難になっていった。

驚くことに、今や子どもたちはポケモンカードの枚数を競い、テレビでは日本のホームドラマ「おやじぃ。」が流れていた。主演の田村正和さんは、砂漠のこんなメサの上で、英語吹き替え版になって画面に登場していることを知っているだろうか。

さて食事をしながらその日セカンドメサで、ホームダンスという儀式をしていると聞く。ホピの宗教儀式は一年を通して行われ、各村ごとで様々な儀式があるという。マーチンの話によると、冬至の日にホピの人たちの聖なる山、サンフランシスコピークスより精霊《カチーナ》と呼ばれる先祖の霊や、森羅万象のすべての精霊がホピに降りて、七月まで一緒に暮らし、作物に豊かな実りをもたらし、人々には平安をもたらしてくれているそうだ。七月のこの時期に行われる儀式は、再び山に帰る精霊を送る儀式でもあり、雨乞いの儀式でもある。その儀式に参加する者は、八日間の断食を行い身を浄める。ただの踊りと歌ではなく、精霊と交信する儀式なのだ。

食事のあと、マーチンがダンスをしている広場まで連れていってくれることとなった。私たちは車でセカンドメサに向かった。日干し煉瓦を積んだ家に囲まれたテニスコートほどの広場は、インディアンの観客でいっぱいだった。少数だが白人観光客の姿も見えた。ホピでは、カメラの撮影はもちろん、テープレコーダーを回すことも、スケッチやメモをとることも禁止されている。観光客は、みだりに一般民家への立ち入りはできず、公開された祭りでも広場ではなく、屋上で見なければならない。ホピの人々は、これらの宗教儀式をとても大切にしている。私たちが経験している日本の祭りの多くは、観光化されイベントと化している。その中で生きている私たちには、ホピの人々の感覚は想像できないだろう。居留地全体が修道院だと想像してほしい。今回は、他村であれ同朋のマーチンの客人ということで、私たちは広場の椅子に座って見ることができた。

祭りでは、子どもたちにパンや精霊の人形のついた葦の飾りや、果物などがプレゼントされる。ホピの中年の女性が、スライスしたスイカを私たちにプレゼントしてくれた。ホピの人の繊細な心遣いを感じた。容赦なく照りつける太陽の下のスイカは、癖のないさわやかな甘さだった。そしておまけに、トウモロコシの粉でできた「ピキ」という食べ物をそっと手にのせてくれた。ちょうど御飯を炊いた時にできる「お粘《ねば》」がパリパリと薄く乾いたものに似ている。ブルーコーンの粉が使われるが、それに灰を混ぜ、水で溶いた汁を素手にとり、よく熱した石のプレートの上に手のひらで刷くようにして、薄く広げて焼くのだそうだ。そしてあっという間に焼けていくその「お粘」が冷めて乾かないうちに、両端を内側に折りこみたたんでいく。そのままでも、スープに浸して食してもよい。透けて見えるほど繊細で、口に入れるとすっと溶けてしまう。本来は、保存食の一つとして常食され、畑仕事の携行食として重宝されたそうだが、今は冠婚葬祭の特別な食べ物となっている。

これを作るのは女たちだ。道具を使わず熱したプレートに溶き汁を広げていく女たちの手のひらを機会があったらゆっくりと拝見してみたい。日々の営みの中で培われてきた先住民女性のスピリットをそこに感じることができるのではないだろうか。

その晩は、マーチンの娘ミルドレッドとその夫エメリーの家に泊まることになった。子どもは二〇代前半の長男と次男に、一〇代後半の長女の三人だ。エメリーはメディスンマンで、時々、体調を崩した近所の人の治療を自宅で行っている。

メディスンマンは呪術師という訳されることもあって、なにやら怪しさが付加されるが、儀式や治療行為にしばしば出てくる独特な存在は、何もアメリカインディアンに限ったことではない。世界中の伝統的な自然に沿った生活を残している文化の中では、当然のように存在している。日本でも青森のイタコや沖縄のノロの存在は広義のメディスンマンの領域に入る。『ネイティブアメリカン—叡智の守り人』（本出みさ著、築地書店）によると「メディスンマン、メディスンウーマン」についての注釈は「本来薬草を扱う治癒者を意味していたが、現在は霊的な力を持つ治癒者または予言者であるシャーマンと混同されて使われている。メディスンマンには、薬草を扱う者、特定の儀式を司る者、特定の治療法や宗教に従事する者など、さまざまな種類があり、その地位や役割は部族によって異なる。霊や、邪悪なものによってひき起こされた病を癒すことや、時空の中に失われたものを、儀式、祈り、踊りなどを通じて取り戻したり、人生の節目を区切る儀式などを司ることもある」とあった。

私たちはエメリーの居間のソファを移動して、空いた所にキャンプ用のマットとシェラフを並べて眠った。トイレは、住宅から離れた場所にあって、木造のロッカーのような建物だ。女も男も座って使用する。深い穴が掘ってあって、ロッカーをその上に乗せただけの簡単な構造だ。乾燥している気候なので、排泄物の水分はすぐに蒸発してしまい体積がなくなる。風洗トイレである。あまり臭くもなく清潔な印象だった。夜中にトイレに行く時は、懐中電灯を持たないと、トイレの場所を探せない。都会の明るい夜に慣れた私には、メサの夜は新鮮だった。電気が通ったといっても、石でできた家の外は暗闇だった。排気ガスの影響もない。数えきれない星が、空いっぱいに広がった。

●●●インディアンセレモニー

お昼近くになり、私たちはレイコの友人ズニと会うため、ピニョンという町に行くことになった。ズニはニックネームで、生粋の日本人女性だが、ナバホの生き方に強く惹かれて、もう五年間もアリゾナに住んでいる。私たちはホピに入る前、フラッグスタッフでズニと会った。その時レイコはズニから、宮田の病気平癒のために、ナバホのメディスンマンに祈禱してもらうことを勧められていたのだ。そして今日、ピニョンで行われるサンダンスという儀式の最終日に、そのメディスンマンに会ってみようという話になっていた。

サンダンスとは、もともとはラコタなど、アメリカ中央大平原で暮らす部族の儀式だ。かつてバファローを狩り、季節に応じて移動式テントであるティピを持って移動し、狩猟採集の生活をしていた人たちだ。この儀式は、太陽の日差しが一年中で最も強くなる七月から八月にかけて行われ、ダンサーたちは太陽を仰ぎ見ながら日の出から日没まで飲まず食わずで四日間踊り続ける。かなり苛酷なセレモニーらしい。ホピなどの定住農耕部族とは違う、いわゆる日本人のイメージにあるステレオタイプの勇壮なアメリカインディアンの姿が浮かんでくるかもしれない。ではなぜ、このアリゾナの地で平原インディアンのサンダンスが行われているのだろうか。

アメリカ合衆国政府は、このサンダンスを特に野蛮だとして、一九二九年に特別に許可するまでの約五〇年間禁止している。しかし、六〇年代から七〇年代にかけて盛りあがった全米インディアンの民族復権運動の中で、サンダンスとその精神はインディアンとしてのアイデンティティの象徴として、部族を問わず全米に広がっていったという。偉大なる創造主（ラコタではワカンタンカ）に肉体と魂を捧げ、そして自己を犠牲にして、すべての生命の環のためにひたすら踊り祈る姿は、ある意味で白人たちには脅威だったかもしれない。他のさまざまな「同化政策」も相まって、民族の文化、誇りに対する迫害は生やさしいものではなかった。それにもかかわらず、現在までその儀式を保ち続けた力は何だったのだろうか。

ピニョンでのサンダンスは近年になってからのようだが、ナバホとホピの聖地であるビッグマウンテン地区では、八三年からラコタのメディスンマンが招かれてサンダンスが毎年行われている。この地区では、石炭、石油などの開発をめぐり、一九三〇年代から合衆国インディアン局（BIA）などによって、住民に対したび重なる政治的な介入（資料1）が行われてきた。一九八一年からは、住民の強制移住《リロケーション》がはじまった。二〇世紀最大の北米インディアンの強制移住といわれ、インディアンの復権を求める全米インディアンや心ある人々の中でも大きな注目を浴びた。

伝統的ナバホやホピの人々は抵抗運動を続け、三〇年以上にわたって紛糾している。彼らの抵抗は、単に大地に根ざした伝統的な暮らしを守るという意味合いからだけではない。「地中に眠る鉱物は、母なる大地の内臓であり、それを掘り出しては母親（地球）は生きていけない」という彼らの世界観から、鉱物資源の眠る場所は聖域なのだ。そして、彼らをサポートするために国内外から多くの人々が集まり、そのような抵抗運動の中で、皆の祈りを一つにするためにサンダンスがとり入れられるようになったとナバホの活動家《アクティビスト》から聞いた。いずれにせよ、私にとって本の中だけの知識だったので、実際のサンダンスの雰囲気だけでも体験できる機会があるなんて、幸運だと思った。

ホピの村々を抱く三つの台地《メサ》は、空から俯瞰《ふかん》したら三本の指が伸びているように見える。ピニョンへ向かう道は中指の部分にあたり、セカンドメサから手のひらの奥へ入っていくような感じだ。母なる大地の手のひらは深く広大だった。半砂漠の大地の上に、舗装された道路だけが伸びていた。行けども行けども同じような風景が続き、遙かな地の果てに向かっているのかと思うほどだ。ホピのメサの広さを感じる。やがてその道は、砂埃の立つダートロードに変わったが、ズニの書いてくれた地図の目印さえ見落とすほど単調な荒野で、レイコは不安を抱えながら、おそるおそる踏みこんでいくような思いでハンドルを握っていた。後日、雨上がりのこの道を走ることになったのだが、傾いて立ち往生しているピックアップトラックと、それに牽引されたコンテナ車に行き会った。粘土のようになったぬかるみにハンドルをとられたのだろう。それを横目に見ながら、われらのレイコは四苦八苦してハンドルをさばき、何とかダートロードを乗り切った。そのような現場を見せられ、豹変する砂漠の道の怖さをようやく理解したのだった。

ナバホ居留地内にあるピニョンはこぢんまりとした町で、あっという間に通り抜けてしまいそうだ。やっと町はずれのその場所に着くと、若いインディアンが検問所を作り、車のナンバーと名前を控えている。アルコールやドラッグなどの持ちこみがないかどうか、また不審者がまぎれこんで儀式を冒瀆《とく》することがないかチェックしているのだそうだ。

車を空き地に止めるとズニが現れた。儀式に参列する時は女性はスカートにショール姿が正装だよと言われ、急遽ズニの持っていたラグや毛布を腰に巻きつけた。この炎天下に毛布、である。汗だくになりながらサンダンス会場に向かった。サンダンスは終盤で、メディスンマンのスピーチのあと、周囲で見守った人々は二手に分かれ、退場してくるダンサーが通る花道を作った。そしてダンサーと握手しながら、口々に感謝の気持ちを伝える。

「サンキュウ」「サンキュウ」

あちらからもこちらからも、感謝の言葉が飛び交う。そこには、肉体の苦痛に耐えて踊りきったダンサーたちへの尊敬と感謝があった。サンダンスを終えたばかりの、ダンサーたちは本当に美しい。断食をし、祈りながら汗をかくわけだから、心身ともに清らかになるのは当然なことで、ダンサーたちの顔は誇りに輝き、目に曇りはない。サンダンスは、自己を犠牲にして、他のすべての生命とその調和のために祈るインディアンの精神を、最も表している究極の祈りの形かもしれない。そしてサンダンスをしたものに対して感謝するという、自他を超えた世界をも内包している。私とあなたの垣根を越え、共感しつながるという瞬間があるというのはなんて素敵なことなのだろう。

ラコタには「ミタクエオヤシン」という言葉があり、祈りの最後には必ずこの言葉が唱えられる。「私につながるすべてのもののために」という意味であり、地球という星が生まれ、長い年月をかけて進化した歴史は、私たちの体のDNAに記憶されている。また進化の過程は、受胎した母親のおなかの中で再現される。胎児は、最初は魚類、そして両生類、は虫類を経て人間の形になる。四つ足のものも羽をもつものも、元は同じということだ。そして、すべての命の源、生命力と私たちが呼んでいるエネルギーは同じものだ。「ミタクエオヤシン」という言葉は、そのような真実を内包しているだけではなく、自分が今ここにあるこの生命が、そのようなものに支えられているという事実への感謝がこめられている。

サンダンスをはじめ、セレモニーの撮影や録音は、特別に許可された場合を除き、禁止されている。これはホピやナバホにおけるセレモニーについても同様だ。その理由は、白人の文化人類学者などによって、先住民族の文化、習慣、言語、時にはその亡骸までもが学問的な研究対象として扱われ、彼らの尊厳や誇りが蹂躙《じゅうりん》されてきたことへの悲憤と抗議があるからだ。民族の輪を一つにし、自らの文化、暮らしを守り抜こうとする強い意志をそこに見出すことができる。

ビッグマウンテンでは八〇年代終わりごろからは、日本人も踊りの輪に加わるようになった。毎年夏に行われるサンダンスを訪れる日本人も年ごとに増えていった。アメリカ社会でも、インディアンの人権問題だけではなく、その精神文化や聖地への関心は高まっていくが、同時にノンインディアンによる儀式の参加や、多額の謝礼金が介在したり、といった問題が出てきた。これはアリゾナの地だけではなく、本場ラコタの地や、アメリカ国内外で、ニューエイジ（一九六〇年代後半、アメリカのベトナム反戦運動を背景に起こった思想的潮流。「平和と調和」をスローガンに世界的なムーブメントとなった。「自然回帰」「全体性」「バランス」などの考え方は「エコロジー」や「フェミニズム」として生きている）といわれる精神世界や神秘主義の潮流の中で、必然のように生じた課題だった。

二〇〇三年三月九日、アメリカのイラク攻撃を目前にして、サウスダコタ州のイーグルビュートで、ラコタ、ダコタ、シャイアンなど平原インディアンの精神的指導者やメディスンマンが集まった。長年問題となってきた「儀式の保護について」の話し合いのためだった。そして協議の結果、チーフ・アーボル・ルッキングホースによって次のような決議が下された。彼は、ラコタに聖なる七つの儀式と教えを授けたと言われる、ホワイト・バッファロー・カウフ・ウーマン*の伝説のパイプを守ってきた一九代目にあたる。

「我々の聖なる七つの儀式が関連する場において、先住民以外の人間は我々の聖なるホチヨカ（神聖なる祭壇）に近づいてはならない」

「サンダンスで踊れる者は、ハンブレチア（ビジョンクエスト＝四日間一人きりで断食と祈りを続けるセレモニー）を通じて誰かの健康を願うため踊るよう、啓示を受けた者だけが踊ることができる」

「イニピ（スウェットロッジセレモニー＝動物の皮で覆った小屋の中に焼いた石を入れ、水をかけて蒸し風呂のような状態にして、他者のために祈るセレモニー）を執り行う者は、トゥンカシラ（我々の聖なる祖父たち）と、平原インディアンの言語で語ることができなければならない」

「我々の儀式に参加するにあたり、一切参加費を徴収してはならない」

この話し合いと決議は、彼ら平原インディアンの次世代へ、セレモニーの本来の姿を継

＊平原インディアン・ラコタに伝わる神話では、聖なる美しいスピリット、ホワイト・バッファロー・カウフ・ウーマンは、聖なるパイプをラコタの人々に授け、聖なる七つの儀式と母なる大地の上を聖なる方法で歩くよう教えてくれたといわれている。

承できるか否かとアイデンティティの存亡をかけての重大なものであり、ホワイト・バッファロー・カウフ・ウーマンの教えに基づくものであった。

「この問題の深刻さは来るべき戦争（イラク戦争）に直面する今、なおさらである。我々は儀式を強くしていかねばならない」

チーフ・アーボル・ルッキングホースの言葉は、彼らの決議が彼らのサバイバルと同時に、世界の未来にも関わっているという彼らの世界観と危機感を伝えているものだ。これは、病んだ地球の叫び声として、心して聴きとりたい。

これは、これまでラコタの儀式を通して、彼らをサポートし、精神性を学んできた多くの日本人にとっても大きな問いかけになった。日本人としての依るべき処を深く掘り下げ、今ここでどう生きるかと私たちは問われているのかもしれない。そして国や人種、宗教を越えて、それぞれの内にある普遍的な力を見出し、それから再びつながる時なのかもしれない。

チーフ・アーボル・ルッキングホースは、最後をこう結んだ。

「聖なる生命《いのち》の環、始まりも終わりもない！　ミタクエオヤシン――私とつながるすべての生命のために――」

さてさて、ずいぶんサンダンスの話に費やしてしまったが、私たちの目的はその会場に来ているメディスンマンに会うことだった。レイコのつれあいである宮田雪は、九五年三月に脳出血で倒れ、半身不随となり車椅子の人となったと、はじめに書いた。レイコは宮田の病気快復を、メディスンマンに相談しようと思っていた。

ズニが会場を探しまわって会わせてくれた人は、まだ三〇歳前後の小柄な若いナバホのメディスンマンで清浄な雰囲気の人だった。彼は、レイコに病状などを聞いて、宮田の写真が必要だと言った。しかし誰も宮田の写真を持ち合わせてはいなかった。レイコはつれあいの写真を肌身離さず持ち歩く趣味はないようで、考えた末、私の仙台の自宅に連絡をして、夫からズニのEメールアドレスに宮田の写真を送信してもらうことになった。しかし、インディアンのメディスンマンと電子メールの写真？　どうもこの取り合わせは不思議である。ともかくも、週明けの金曜日の夜にセレモニーを執り行ってもらうことになり、場所やセレモニーの服装などの打ち合わせをして、若きメディスンマンと別れた。レイコにとってもナバホのセレモニーははじめての経験だったが、私たちは宮田を思い、セレモニーに期待した。

●●●久しぶりの日本食

翌日、レイコのカメラの調子が悪いので、修理のためにフラッグスタッフに行くことになった。最初はレイコだけということだったが、心細いのに加えて、洗濯物もたまり、お風呂にも入りたかった。ホピのエメリー宅にはシャワーがない。皆で出かけ、ズニの所に泊めてもらおうという話になった。

二、三日居留地にいただけなのに、長い時間が流れたような気がしている。毎日の出来事の中身が濃いからかもしれない。それともホピの中では時間の流れが違うのだろうか。久しぶりのフラッグスタッフという気分だ。レイコのカメラは、何のことはない。ちょっとした操作ミスだったらしく、問題は難なく解決した。私たちは安心して、すっかり観光客気分で絵はがきを買ったり、骨董品屋を覗いたり、アイスクリームを食べたりして、久しぶりの街を半日楽しんだ。

ズニに連絡がとれたので、フラッグスタッフから五五マイルにあるウィンスロウに行くことになった。一時間足らず車を飛ばす。ウィンスロウは、新興住宅地という風情の街だ。そしてアメリカの街にはどこに行っても、バッシャーズという名の大型スーパーが目につく。私たちはそこでショッピングをした後、ズニの家を探した。ちょっと奥に入ると静かな住宅街で、ズニが住んでいる家は、二軒が棟続きの平屋だ。同じ平屋が向かいにもあり、白人女性が住んでいて時おり鼻歌が聞こえる。小さいながらも居間の他に三部屋あり、私たちはズニが時々織物をする部屋を借りた。一人で住むには十分過ぎる広さだと思ったが、先客がいた。ナバホのマリーンとその息子のジョンだ。ジョンは、一四歳くらいだろうか。何度もズニの家に来ているらしく、自分の部屋のようにくつろいでいた。

洗濯機を借り、汚れた靴下やTシャツ、下着など一週間分三人の洗濯物を放りこむ。外のフェンスにロープを張って、洗い上がったものを掛けるとたちまちのうちに乾いた。私たちがバタバタしている間に、ズニは手早く夕食の支度をした。ご飯、豚汁、豆腐サラダ、青菜《せいさい》の漬け物など、しばらくぶりの日本食だ。やった！　ズニは料理が上手だったのだ。

ごちそうをパクつきながら、これからのことについて話し合う。明日からナバホの二つの家庭にホームステイする。ホームステイすることで彼らの生活を内側から体験することができるだろう。最初は広大なブラックメサの一角にあるビッグマウンテン地区のキー・シェイ宅で三泊四日。キー・シェイは映画「ホピの予言」にも出てくるビッグマウンテン地区の強制移住に抵抗する指導者の一人だ。週末はホピのサードメサで最後のホームダンスがあるのでそれを見学する。週明けは、ナバホラグの織り手として腕のよいメイ・ソウさんの所に三泊四日する。レイコはナバホラグの織り方や生活の様子を写真に撮って、帰国したらスライドショーをするつもりだ。

私とレイコの出会いは、映画「ホピの予言」を通してであるが、実際に会ったのは一四年間で数えるほどだ。印象的だったのは、九一年一月に青森県三沢市での「青森国際ウラニュウムフォーラム」の会場での出会いで、それで三回目だった。レイコは生後五カ月のアヤを抱っこしていた。そのフォーラムには、ウラン採掘などによる放射能汚染の問題に取り組んでいる北米インディアンの代表たちや、「ホピの予言」のメッセンジャー、トーマス・バニヤッカが招かれていた。そしてズニもまた同じ会場にいた。こうやってホピの地で再び巡り会う不思議さを思った。

私とレイコはそれ以来会ったのは一度くらいなもので、回数からしたらそれほど親密な間柄ではなかったが、いきなり一カ月も共に旅することの不安を感じることなく、旅の必然性を互いにすんなりと受け入れていたのだ。アヤは、学校の担任から夏休みの宿題を全部免除してもらい、それが魅力の旅のようだが……。

ズニは、日本の大学では法律を学び、探検部に所属し少数民族の生活に魅了され、インドやネパールをはじめアジアのあちこち訪ね歩いただけあって行動的な情熱家だ。日本の大学を卒業した後、映像関係の仕事をしたこともあるという。

インドでもらった名前がズニ。ズは「月」、ニは「女」という意味で、月のように静かでひそかな神秘をたたえながら、芯の強い繊細な心をもった女性だ。インディアンでズニという部族がいるが、そこからのニックネームではないにせよ、今インディアンの土地で生きているということと重ねて、縁のようなものを感じる。

彼女はあるプロジェクトを進めている。ナバホチュロという絶滅に瀕している羊が、ビッグマウンテン地区に多く生息していることに目をつけ、これらの羊毛をナバホの家庭から買い、糸を工場で作り、それをこの地域に自生する植物で染め、販売している。

貨幣経済に否応なく投げこまれ、金銭的には貧しいナバホ家族に、伝統的な暮らしを尊重した仕事はないだろうかと考えた末のプロジェクトだ。今は、ズニが原毛を買い工場に運んで紡績加工した糸を作っている状態で、脱脂するために原毛を洗うのが一番の大仕事だそうだ。ズニの家の小さなキッチンで洗うには限界がある。前の年は五〇〇パウンドの原毛を洗い、今年は九〇〇パウンドの原毛を買いつけてしまったので思案にくれている。

ズニは「ナバホチュロウールを売るべきだ」とアメリカのサポートグループの主宰者にも言いまくり、それがきっかけでそのグループも同じことをはじめ、今は買いつけなどを協力しあっているそうだ。そのサポートグループが糸工場をもつまでに発展してくれたらとか、売買を部族組織で取り組んでくれたら……と心ひそかに夢を描いている。

ズニは九五年に、ビッグマウンテンサポートのためのナバホラグショーを日本国内で行った。その時の協力者が、二〇〇二年に長野県上田市に「ナバホ・チュロの店、ディベ」を開店した。そこを日本での拠点としてラグを販売したり、ナバホスタイルの織り機を使った織りのワークショップをしたりして、ナバホ織りの文化を広めている。中古のトラックに乗って、サポートしているナバホの家庭をまわり原毛を集めたり、抱えている問題を聞いたり、やることは山積みだ。

●●●それぞれの優しさ

ズニは、スーパーで、自分の家の鍵をもう一つ作り、レイコに手渡した。

「私が不在にしていてもかまわないから、お風呂や洗濯機を使って。冷蔵庫の中のものも、自由に食べていいし、居留地で疲れた時私の家に来て休んだらいいわ」

ズニの優しさは本当にありがたかった。

ところで、旅に出た時に悩むのが「おみやげ」というやつだ。私はこれが大の苦手ときている。自分が何をほしいのかよくわからないでいるので、他人のことはもっとわからない。相手が喜ぶものを、ということは相手がわからなければ思いつかない。結局、無難なものになって、自分でも不満の残る選択をしてしまう。日本を出発する直前、日本的な小物を売っているお店で、女店員におそるおそる聞いてみた。

「あのう……インディアンのおじいさんが喜びそうな物は……？」

皆、目が点になって返事がない。ないだろうな、と予想はしていても、もしかして私よりよいアイディアをもっているかもしれないというわずかな期待で、恥をしのんで聞きまわったが、無駄であった。和風の柄のハンカチーフや巾着、浮世絵のコースター、招き猫のキーホルダー、野草茶、蛍光色やラメ入りのボールペン、面白い動きをするミニカー……誰に渡すというのをあまり考えず、やけくそに買った。まあ、どの場面で誰に渡るかというのも楽しみではある。

レイコは、というと風鈴やポケモンのボールペンや梅干しやのりの佃煮など、渡す人をイメージして選んできたようだ。感心したのは、レイコの母、久子さんの心遣いだった。古着屋さんで羽織りと着物を仕入れ、それをほどいて、シンプルな手提げ袋を三〇枚ほど縫ってくれた。綸子《りんず》という絹で、茄子紺の地に紅《くれない》色と白の柄だ。レイコが出発する朝まで、ミシンを踏んでいたという。とろんとした柔らかさで、使わないときは折りたたんでハンドバッグの中に入れておける。何よりも、娘への愛情を感じた。

久子さんの細やかな気遣いは、今にはじまった事ではない。宮田が倒れた時は、日本からバークレイに駆けつけアヤの面倒をみてくれたり、さまざまな場面で助けてくれた。久子さんとしては、自分の娘が宮田やホピに関わることを内心喜んではいなかったと思う。映画監督といっても、アメリカ国内で食べるための仕事が十分にあるわけではない。それまでの仕事の蓄えや印税で食いつなぎ、その日暮らしのような状態であろうことは想像される。そのような苦労を、我が娘が自ら選んでいることを、親としては歯がゆい思いでみていたことだろう。しかし、娘が窮地に陥った時には心配をし、ことあるごとに何か手助けをと考えるところが親心なのだろう。

レイコには兄が三人いて、レイコは末に生まれたただ一人の女の子として、愛情をたくさん注がれて育った。それは、レイコの鷹揚《おうよう》な性格から想像できる。幼いものは、周囲から学ぶ。心を大事にされて育った人は、大人になってから自分の心と同じように他者の心を大切にできる人になる。私はさまざまな場面でレイコを感じる時、とても温かなものに満たされる。宮田もそのようなレイコが傍らにいて、どれほど救われただろう。

聖地ビッグマウンテンの人々

●●●母なる大地に抱かれて

翌日、ズニとナバホのマリーンと一緒にビッグマウンテンにあるキー・シェイの家に向かう。正しくは、キー・シェイの妻の「エルシィ・シェイの家」だ。マリーンはエルシィの娘にあたる。ナバホもホピも母系制社会なので、家や畑は母から娘へと女性が継いでいく。住む場所があって、食べるには困らないということだ。父親が誰であろうともその女性が生んだ子供には違いなく、非嫡子と嫡子などの差別もない。温かく万物を育成し、包み込むような精神性を感じる。生まれた子どもは母の氏族《クラン》に属し、母の元で成長する。母が社会結合の中心だ。離婚する時は簡単だ。女性が男性の持ち物をバッグに詰め、戸口に置くと離婚成立だそうだ。「母系社会」というのも、インドネシアや中国の南部など、地域によって細かな違いはあるが、卑近な例を出して簡単にいうと、マンガ「サザエさん」のマスオさんスタイルだ。私の周囲でも女性の家庭に男性が婿養子に入るという方が、嫁姑の争いはなく、平和な家庭が多いように思われる。

女性の身体は、月経や出産など自然のリズムを内包し自然と共鳴する。それをマイナス要因としない文化は、ヒトの男性のみならず他の生物にも無理強いしない。ヒトと他の生物を分けることなく、生命共同体としてヒトもその一部だと考える文化をもった人々が生きた場所は、大きく変わることがない。ユッカ（リュウゼツラン科ユッカ属の植物。アメリカ南西部に住むインディアンは、葉を乾燥させかごの素材にする）の葉をかごを作る分だけ切りとると、また新たな葉が中心から生えてくる。トウモロコシもカボチャも豆も、昨年の命をまた今年つないでいく。当たり前に見える自然の事象を創るもと、それはすべての命に活動力を与えている。自然と共に生きる人々は、その力を感じ、それに対しての感謝を忘れない。

自然のサイクルの中で、自然の一つとして生きていくナバホやホピには「父系制」という発想は生まれない。もともと「土地を所有する」という概念は、アメリカインディアンにはなかった。大地は、地球に生きるすべての生命の母であり、父はその大地に生命の種を与えるものである。

私がアメリカインディアンの世界観に惹かれる理由の一つは、このような母系制を軸としたものだからにほかならない。私自身が非嫡子だということと、私が育った時代に当然のようにあった性の違いによる役割分担は、私が私という個性を生きる上で息苦しさを感じさせるものだった。

母は、望むべくして私を妊娠したわけではなかった。母は絶望のあまり自殺未遂もし、周囲の非難の目にさらされながら、真実を誰にも話さず私を出産した。私の父にあたる人の家で、しばらく暮らした母は、歓迎されざる雰囲気に耐えかね、ほどなく私をつれて実家に戻った。母が入院した時に、二歳にもならぬ私を即座に他人の家に養女に出したのは、母の親族だった。

私と母の存在は、父系を是とする価値観の社会では忌むべきもので、親類たちは自分たちの目の前から私の存在を消したかったのだと思う。私も母も、本来ならば協力し合って生きていかねばならない共同体の中から閉め出されたわけだ。彼女は、いまだそのことを十字架のように背負って生きている。

養女に行った先は、明治と大正生まれの夫婦の家庭だった。悪意はなかったのだろうが、そこで「女々しい」「女のくせに」「女だてらに」「女が腐ったようなヤツ」など、否定的なニュアンスを持って「女性性」が語られることは、少女の頃に知った「非嫡子」という事実に上乗せするように、自分自身が否定されて存在していると感じられた。そして、「女らしさ」という外側からの規制は、シャボン玉のようにあふれてくる様々な夢を壊す針のように思春期の少女には思われ、フェミニズムの世界に答えを求めたりもした。

成人し、アメリカインディアンの世界に出会った時に、シンプルに母なる地球の子どもの一人として、私が私であってよいという地点に立てたのだ。それは、古代、地球上のどこにもあった生き方だったろうし、私の意識の奥深くに眠っている「心のふるさと」に出会ったような感覚だった。「母なる」ものを敬うアメリカインディアンの生き方を知ることは、「女性性」を生きる者への肯定のエールとして感じ、ヒトが生きるということを、大きな生態系の中で考えるきっかけでもあった。

私がアメリカインディアンの地に行くということは、精神的な意味で、故郷に還るような気持ちであった。そして、これまでの私の人生に起こったことが、このような出会いを生む必然だったのだと思えて、感謝の念のようなものさえ私の内から湧いてくるのだ。

●●●変化する暮らし

ビッグマウンテンはホピ居留地の北に位置する。レイコ、ハグ、アヤの三人が乗ったシボレーは、ズニの運転するトラックに先導されながら、舗装されていない砂埃のあがる道をしばらく進んだ。突然マリーンとズニが乗っているトラックが道からそれて、岩山に囲まれているエリアに入った。人が住んでいる気配はなく、乾いた岩が太陽の照り返しでまぶしく、菫《すみれ》色がかった空がその岩肌をより一層際だたせていた。

マリーンが岩肌を指さした。そこにはいつの頃のものだろう。数えきれない岩絵《ペトリグラフ》が彫

られていた。私たちはしばらくの間、端から端までその岩絵を見て写真に撮った。マリーンは、

「ここは昔、ホピの先祖のアナサジが住んでいた。岩壁の上の方には、酋長の墓がある。角のある人間らしき者や広げた手のひらや足跡の岩絵は、『グレイトスピリット』を表している」

と説明してくれた。アナサジとはナバホ語で「古代の人々」という意味をもつ。紀元前からアメリカ南西部に定住し、文化を築いた人々で、初期は洞穴に住居を構え、その後レンガで二、三階建ての住居を造るようになるが、一三〇〇年頃、こつ然と姿を消す。チャコキャニオンの遺跡が有名だ。文化、宗教、言語の研究から現在アリゾナニューメキシコに住む、ホピやナバホといった農耕・定住型のプエブロインディアンが彼らの子孫であると考えられているという。ホピとナバホが古くから住んでいる土地でもあり、観光地ではないので白人の観光客が訪れることはなく、それらの岩絵は静寂の中で時を刻んでいた。

地下水を汲みあげる水車の傍らを抜けると、ナバホのドラッグストアがあり、そこで清涼飲料水を買った。お菓子や冷凍食品、ジャガイモや小麦粉、パンやジュース類、それにビデオまである。日常品はほとんどここでまかなうのだろう。見るからに合成着色料が入

っていると思われる粒チョコレートや、ジェリィビーンズなどがあったが、これはナバホばかりではない。アメリカでは、日本に比べ極彩色の食べ物や合成保存料に対して無頓着なようだ。「自然食品」といわれる無添加の食べ物は、アメリカでも高価だ。フライドチキンやハンバーガーなどのファストフードは、アメリカ社会において糖尿病などの生活習慣病をもたらし、社会問題となっているが、インディアンも例外ではない。体質的に合った、伝統的な暮らしに基づいた食文化を失いつつあることに加えて、現金収入の少ない彼らは安価でカロリーの高い穀類、イモ類、油脂類の摂取が多くなり、どうしても太ってしまう。健康に関するナバホの女性たちの相談機関などの活動が、ドラッグストアに置いてあった新聞に載っていた。少しは改善に向かっているのだろうか。

そこからしばらく松《ピニョン》が生えている道を抜けると小さな家が見えた。私たちが車を止めると、八歳から一〇歳くらいのナバホの少女が三人、家の中から飛びだしてきた。マリーンの娘のマージと従姉妹たちだ。白地に黒い斑がある犬も、足をひきずりながら駆けてきた。見ると足首のところで、元の太さの二倍も腫れて痛々しい。子どもたちに聞くと、ウサギなどの動物罠に、誤って足をかけてしまったらしい。後日、持ってきた消毒薬で犬の足を消毒してあげたが、それから私の姿を見ると、もの凄い早さで逃げていくようになった。

薬が傷にしみて痛かったのだろう。損な役回りだったが、逃げる勢いを見て犬の元気さに安心した。

エルシィ・シェイの家はナバホの伝統的な円錐形のホーガンではなく、六畳ほどの部屋が二つ、それに一畳ほどの物入れがついた四角の小さな家だった。部屋の一つは台所兼居間で、古いソファが一つ、そして丸テーブルと長方形のテーブルの周りに椅子が六、七脚。冷蔵庫と薪ストーブとガスコンロ、食器棚に皿や、コップが重ねてあった。もう一つの部屋は寝室で、エルシィ姉妹のダブルベッドが二つ、そして傍らにナバホ織りの織り機があった。部屋の隅には孫たちのおもちゃが、古い雑誌と一緒になって積みあげられていた。

家族は、六〇代のエルシィ・シェイ、その妹のメイ・シェイ。エルシィの夫、キー・シェイは、同じ敷地の古いバスを改造した家に住んでいる。ホームステイした三日間、キー・シェイと会う時間は夕飯の時だけだった。その時間になると、エルシィの家に来る。ソファの傍らに背もたれ椅子が置いてあるのだが、そこがキー・シェイの場所だった。とても遠慮している風情で、この目の前にいる人がビッグマウンテンの強制移住の反対運動の、ナバホの指導者だとは思えない。しかし、静かな眼差しの奥に、誠実さと情熱を感じた。私はキー・シェイの顔をスケッチした。しわ一つひとつに、彼のこれまでの人生が刻まれているようで味わい深い顔だった。

狭い家なので、中に寝るわけにはいかない。私たちは家の傍らの木の下で、レイコが持ってきたテントを組み立てはじめた。そして食事の支度は、家の中のガスコンロの傍らのテーブルに、私たちのキャンプ用ガスコンロを置かせてもらい、多めに作ってエルシィたち家族と食べた。

ここ一年くらいでビッグマウンテンでは電気が通り、電気冷蔵庫も新しい。これまでランプの生活だったところに電気が通ったせいで、夜がいつまでも明るい。

夜明けとともに起き、落日とともに眠る自然のリズムにのった生活は、今の私たち日本人からも消えてしまった。私たちは、便利さとひき替えに失ったものが何であるかという自覚もない。夜遅くまで遊びに興じている子どもたちの姿を見ながら、ナバホの人々の心もどのように変化していくのだろうかと思った。

水の問題は年々深刻になっている。水道がないので、地下水が唯一の水源だ。家の外に水を汲んだタンクが置いてあって、ある程度なくなったら、水車までタンクを運んで汲んでくる。水は貴重品だ。だから台所では、ボール一つの水を何度も使う。私たちも朝に顔を洗い歯を磨くための水は、一人コップ一杯と決めた。気になるのは、合成洗剤だ。ナバホやホピの多くの家庭では、合成洗剤で食器を洗ったあと、水で一度すすいで終わり。食器には、洗剤の薄い膜が付いたままだ。私たちは洗剤の毒性が気になるので、皿の汚れを紙で拭きとり、水だけで洗った。

●●●レイコ、連れさられる!?

朝、なにやら外が騒がしい。私たちは眠い目をこすりながら、テントの中から這いでた。エルシィとマリーンが、テントの傍らの木の根もとに黒い羊を連れてきた。羊の前足と後ろ足をひもで縛り、小さいがいかにも切れそうな肉用ナイフで、羊の頸《けい》動脈を切った。あっという間の出来事だった。羊はほとんど苦しまずにことされた。見事な刃さばきだった。羊を木に逆さに吊し、首の所から流れる血をボールに取った。そして腹の部分にナイフを入れると、すっと一直線に切り皮をはいだ。さっきまでは生きていた羊が、あれよあれよと言う間に羊肉になってしまった。周囲をまったく汚さない。

突然、解体がはじまってどうしたのだろう。私たちにごちそうするために解体するわけではなさそうだ。レイコがマリーンに聞く。

「今朝、私の家に蛇が入ってきたのよ。蛇はナバホにとって不吉なもので、急遽メディスンウーマンを呼び、邪気払いのセレモニーをさっきやったの。羊はセレモニーの捧げ物」

そういえば、朝早く黒い服を着たやせたおばあさんが、そそくさとテントの横を通り過ぎた。彼女はメディスンウーマンだったのか。私たちが、解体の様子をカメラにおさめていると、エルシィから声がかかった。レイコの車でメディスンウーマンのおばあさんを送っていってほしいという。レイコは、黒服のおばあさんと一緒に出かけ、私とアヤは、エルシィの羊のスープを作ってほしいという申し出に、タマネギやジャガイモの皮むきをはじめた。暇だし、はじめからそのつもりだからかまわないのだけど、日本には立ってる者は親でも使えという言葉があるが、このエルシィさん、お客だろうが何だろうが使えるものは使うという現実的なたくましさがある。どっしりとした母系のナバホ女性を感じた。

夕方、客が来たということを、どこからか聞きつけてきたのだろう。親戚だという一八歳ほどのナバホの青年がやってきた。彼は羊のスープを食べた後、私たちが乗ってきたシボレーを見て、この車を貸してくれと言う。レイコは、一瞬考えてから聞いた。

「私たちの荷物が乗せてあるから貸せないけど、どこかに用があるの？」

二人で何か話していたと思うと、

「この人を送って行くから、ハグさんたちはここにいてね」

と言って、飛びだして行った。レイコが運転して目的地に連れて行くことになったらしい。

しかし、どこに？　どうせ聞いてもわからんか……と思い、私はアヤとともに、

「気をつけてね」

と言うしかなかった。

食事の後かたづけが終わったら、雨が降ってきた。アヤとテントの中でメモをとり、歯を磨いて寝る準備をはじめた。アヤが不安そうに言う。

「お母さん、いつ帰ってくるんかなあ」

時計を見ると、一〇時をまわっている。出かけてから四時間は経つ。

「レイコさんのことだから、行った先でひっかかっているに違いない。気にしないで寝よう。もう少しで帰ってくるよ」

そう言ったものの雨足は強くなってくるし、はじめての場所で迷子になってるのだろうか、などと想像したら、眠れなくなってしまった。アヤは寝息をたてはじめた。テントの暗がりの中で、懐中電灯で時計を見たら一一時……一二時。

「レイコちゃんに何事もありませんように」

祈りながら、ウトウトしていたら、

「ハグさん、ごめん。帰ったよ」

と、レイコの小さな声が聞こえた。あーよかった。アヤも寝ぼけ眼をこすりながら、レイコの姿を見つけ、再び眠りに落ちた。

翌朝、ことの次第を聞くと、

「彼の親戚の家に送り届けて帰ろうと思ったら、待ってて言うのね。すぐ終わるのかなあとずっと車の中で待っていた。どうも、セレモニーの打ち合わせらしくて、話が長びいたのよ」

それから彼を自宅に送り届け、移動時間も含めて六、七時間経ってしまったというのだ。「インディアンタイム」という言葉があって、白人社会ではインディアンの「ルーズ」な時間観念を表現している。しかし、本当のところは「時間」に対しての観念の違いのようだ。

しかし何時間も待たせてしまうインディアン青年も青年だが、待っていたレイコはその間何を考えていたのだろう。そこのところも（のほうが？）興味深い。しかし、誘拐や事故でなくてよかった！　これからは私たちも「インディアンタイム」だ。

翌日朝食が終わった後、レイコは水タンクに水が少なくなっているのを見て、水車の所まで水汲みに行くことにした。私たちが通ってきた、あの道沿いの水車だ。まあ、あの場所だったらお昼には帰ってくるから、レイコが帰ったら昼食にしようと思った。

　しかし、お昼をまわっても帰ってこない。二時もだいぶ過ぎた頃、

「ごめーん」

と言いながら、帰ってきた。今度は何が起きたんだ？

　レイコいわく、

「水を汲みに行ったら、遠くの方に馬に乗ったナバホのおじいさんが見えた。傍らまで行ったら、バヒのお父さんだったのよ」

　バヒとは、バヒ・キャダニーというナバホの青年で、ビッグマウンテンの強制移住に抵抗する運動の活動家で、何度も来日している。バヒのお姉さんは、映画「ホピの予言」の中で、コーンの料理を作り、家族団らんをしているナバホの家庭の場面で、娘と一緒に映っている、笑顔の愛らしい人だ。バヒの家族は、レイコや宮田とは旧知の間柄だ。久しぶりの再会で話に花が咲いたのだろう。この二つの出来事で、レイコは何にもとらわれず、あるがままにその時々の「今」という時間を感じながら生きる人なのだと思った。やはり彼女は「ノマド」だ。

●●●祈りのチカラ

あっという間に、ナバホのメディスンマンと約束をした金曜日になった。雲一つない抜けるような青空だ。松の向こうに、見覚えのあるトラックがこちらに向かってくるのが見えた。ズニだ。ズニは車から降り、ちょっと困ったような顔をして言った。

「実はメディスンマンから連絡があってね。彼の叔母さんが重体でそちらの方に行かねばならなくなったって。それでルイーズが、トゥーバシティにいるメディスンウーマンの方をあたってくれるって出かけたのだけど」

とりあえずは、エルシィさん家族とはお別れをして、セレモニーをする場所であるルイーズのホーガンに移動することになった。ルイーズとは、エルシィ・シェイの娘で、マリーンの姉にあたる。ルイーズもまたバヒと同様、ビッグマウンテンの強制移住に抵抗する旗手の一人だ。私たちが日本を出発する直前も、部族政府の指揮下にあるホピ警察に不当に逮捕されたおばあさんたちがいて、そのことをめぐっての裁判の準備をしているらしい。セレモニーは、ルイーズの拠点であるアナメキャンプで行われることになっていた。

松やジュニパーの木々が、道の両側に生い茂る。舗装していない道を北上する。松ぼっくりは日本のものより大ぶりで、三倍はあるだろうか。松の実はナバホの人々にとって貴重な食べ物だ。ジュニパーはヒノキ科の植物で、利尿や解毒作用があるので薬として使われたり、染色に使われたり、実をつなげて魔よけのネックレスにもなる。

アナメキャンプに着いた。そこにはナバホの伝統的な建物であるホーガンが二棟建っていた。ホーガンは円錐形の木と石と土でできた家で、出入り口は太陽の上る方向、東を向いている。真ん中に囲炉裏のようなものがあったのを本のイラストで見たことがあるが、現代のホーガンにはストーブが置いてある。そしてホーガンの傍らには、スウェットロッジセレモニーに使用する、ボールを伏せたような小屋とサンダンスに使う広場があった。木々の間にはマウンテンブルーバード（ルリコマドリ）が飛び交っていた。

ルイーズが戻ってくるまで、ホーガンを掃除することになった。エルシイ・シェイの家も、整理整頓という言葉からはほど遠い状態だったが、ここも負けてはいなかった。力の入った散らかしようである。何カ月もそのままであっただろうと思われるありとあらゆるものが、埃をかぶるだけかぶって散在していた。やはり悠々たる大地に住む人々は、おおらかなのかもしれない。この場所を整理するには、鼻と口をハンカチで覆い、舞いあがる埃をものともしない勇気が必要だった。やっとおおかた片づいて、ホッとしたところにルイーズが帰ってきた。

ルイーズは、情熱的な雰囲気の中に知性が光る華やかな美人で、四〇代前半の女性。息子が二人いる。日中は、日本の宇宙飛行士も理事になっているという自然保護財団に勤務している。ルイーズとズニが何か話していたが、どうもメディスンウーマンとも連絡がうまくとれないらしい。この時間に連絡がとれなければ、今夜はセレモニーは中止ということらしい。

日が落ち、辺りは暗くなった。アナメキャンプには電気は通っておらず、ルイーズは太いロウソクとオイルランプに火を灯した。セレモニーの後に、参加者に食事をふるまうのが習慣らしく、ズニはアップルケーキを焼いて、フルーツサラダやちらし寿司を作って持ってきてくれた。飲み物も十分ある。せっかくのセレモニー用のごちそうは、私たち三人と、ズニ、ルイーズ、マリーンの夕ご飯になった。ロウソクとオイルランプの光の中で、ちょっとしたパーティ気分だ。ズニの料理の腕のよさを再確認した。その夜は、ホーガンの中でシェラフに潜りこんで眠った。

翌日、昨晩の残りのご飯をいただきながら、その日の予定を聞いた。ルイーズが、もう一度トゥーバシティのメディスンウーマンに連絡をとってみるとのこと。もしセレモニーをするとしたら、夕方にはじまり夜中までかかるとのことだった。セレモニーのごちそうは食べてしまったので、新たにセレモニー用のスープを作る。日中はホピのサードメサでホームダンスが行われるので、それを見に行くことになった。エメリーの長男も参加すると聞いていた。

ホテビラ村に行く、と思うだけでなぜか懐かしさがこみあげて、うれしくなってる自分に気づく。訪れて間もない場所なのに、自分の生まれ育った故郷に帰ってきたような気分になる。

宮田雪も「**わたしは、その大地に立った途端、初めてではない、ここには一度来たことがあるという不思議な感覚に襲われた**」(「未来へ続く道」—ホピの予言に私を導いたもの—「80年代」40号、野草社)と書いている。ほかにもホピの人たちと接して感じることは多い。ホピの人々の伝統的な髪型は、興味深い。成人した男性や既婚の女性は髷《まげ》を結う。若い青年はおかっぱ頭で、女性は頭の両側に髪を膨らませ、日本の古代の髪型を彷彿とさせる。顔の骨格は、非常に日本人に似ている。ホピの人がTシャツとジーパンで日本の雑踏の中を歩いていても、インディアンとは誰も気づかないだろう。

一九八二年、アメリカ・フロリダ州の湿原で七〇〇〇年から八〇〇〇年前のものと思われる一六七体の人骨が発見され、そのうち九一体の頭蓋骨にミイラ化した脳組織が残っており、DNA抽出に成功した。その結果、日本人のDNAの塩基配列と同じということがわかり、北米インディアンと日本人が共通のルーツをもつことが明らかになった。このような要素が重なって、懐かしさにつながっているのかもしれない。

新しい朝の光りに建物の影がくっきりと映え、太陽はまだ低い位置にある。午前八時にまだならない。広場には少しずつ見物人が集まってくる。広場をとり囲むように椅子が並べられていた。その椅子は村人とその親類のものだ。レイコとアヤと私は、建物の外にかけてある梯子をのぼって屋根の上に出た。太陽がのぼるにつれ気温が上昇して、建物の照り返しもまぶしくなった。村人以外は皆、屋根の上から見学する。ホピの女性たちは、華やかなワンピースの上にケープを羽織ってやってくる。一五、六歳ほどの女性が、伝統的な髪型に結いあげ、マンタという伝統的なケープを羽織り白いモカシンを履いて来る姿が、数は少ないが目立つ。男性はトルコ石をはめた銀の腕輪と腰にサッシュをするのが、晴れやかな日の正装らしい。

宮田にこんな話を聞いたことがある。

「踊りと歌がはじまってしばらくすると、どこからか雲がわきあがって固まりになり、雨がザーっと降りだすんだ。何度も体験したが、あれは不思議だよねえ」

その言葉を思いだして、踊りと歌の最中に期待しながら何度も空を見あげたが、なかなか雲は集まらない。太陽の力の方が強いのだろうか。雲は何度も集まろうとしては消えを繰り返していた。広場のダンサーたちの歌と踊りのエネルギーは、だんだん力を増して周囲に広がっていく。

人の想念の強さなのだろうか。ホピの踊りと歌は、それを担う人の想念をクリアにして力を増幅し、精霊はそれを助けてくれるのかもしれない。しかしそうだとしたら、自分の内面をきれいにしておかねば、とても危険なことだ。汚い心をもっていたらそのような心が増幅されてしまうのだ。それはホピという土地に限ったことではなく、私たちの日常の場面に当てはめて考えても同じことではなかろうか。私は目を閉じ、音の振動を体で感じながら、そんなことを考えていた。太陽の熱も先週のホームダンスの時より強い。ホピの人たちは、何ともないのだろうか。とうとう私はその場所にいられなくなってしまい、踊りを見ている人々から離れた。

●●●ない！ない！アクシデント

人混みの中にズニがいた。ズニは私たちの姿を見つけ、レイコの傍らに来た。

「どうだった？」

レイコがメディスンウーマンについて尋ねたら、ズニは首を横に振った。

「連絡がつかなかったらしいわ」

「そうか……駄目なんだ。残念……」

レイコがため息を吐《つ》くようにつぶやいた。ズニは、続けて聞いた。

「私はこれからあの場所で、マリーンたちとスウェットロッジをするのだけど、レイコさんたちはどうする？」

私は、ズニの「スウェットロッジ」という言葉に心が動いた。この場所も暑いが、同じ暑いならインディアンのセレモニー、スウェットロッジの体験も悪くない。それにずっと三人の旅が続いたので、ちょっと離れてもいいかな、とも思った。

「私はこのままホピのダンスを見てようと思うんだけど、ハグさんどうする？」

レイコが聞いてくれたので、私は別行動となった。

レイコとアヤは夕方までホピのダンスを見て、マーチンの家に行って夕食をごちそうになった。マーチンの話だと、

「今年は雨が異常に少ない。そのせいでトウモロコシの生育が悪い。こんなことはこれま

でなかった。それでサードメサのダンスでは、ダンスを仕切る長老が太陽に特別の祈りを捧げた。暑かったのはそのせいだ」

と言う。しかし、その甲斐もなく雨は降らなかった。

一方、私はズニのトラックに乗せてもらって、再びアナメキャンプを訪れた。マリーンたちは、スウェットロッジセレモニーの準備をおおかた終えていた。このセレモニーの目的は心身を浄化することだ。スウェットロッジはお母さんの子宮でもあり、このセレモニーをするたび生まれ変わる意味がある。このセレモニーを終えると、実に清々しい気分になる。火・水・空気・土という人間が存在するのに最低必要な要素の大切さを痛感し、感謝の気持ちでいっぱいになるというのもいい。

一九八七年、私はスウェットロッジセレモニーを体験する機会を得た。日本国内でのことだったが、セレモニーをリードしてくれたのは、ナバホの青年バヒ・キャダニーだった。セレモニーの体験を他人に話すと力が失われるといわれるが、一五、六年も経過している。もうその効力（?）は消えてしまっただろう。

さて、セレモニーにあたっては身につけている金属類はすべてはずし、服は脱いでバスタオル一枚になる。私とズニはルイーズのホーガンの中で、自分のバッグに脱いだものを入れ、ホーガンの傍らに設営されたスウェットロッジの中に時計まわりで入った。インディアンにとって、ホーガンに入る時もごちそうの皿をまわすのも時計まわりなのだが、それはエネルギーの回転（陰陽）を表していて、右まわりで入るということは、左まわりの陰のエネルギーをとりこまないためである。

今回は女性だけのスウェットロッジだ。リードするはずのルイーズがまだ戻らないので、マリーンが代わりを務めることになった。二時間、歌とお祈りを続けた。残念なことに石の数が少ないのか、あまり焼けていなかったのか、熱いとは思えず汗もたいしてかかなかった。そしてセレモニーの内容も、私がバビ・キャダニーから聞いたものと比較して、ずいぶんはしょっているように思えた。

セレモニーが終わり、私たちがスウェットロッジから出ようとした時、突然車がキャンプの敷地に入ってきた。車からルイーズが慌てるように降り、続いて三、四人がバタバタとルイーズのあとを追い、ホーガンの中に入って行った。えっ⁉ 何が起こったの？ ズニとホーガンのドアに駆け寄ったら、鍵がかかっている。ドアに、耳をあててみると、中からなにやら歌が聞こえる。ズニが言う。

「なんか、セレモニーがはじまったみたい」

「えっ!? 中止だって言ってたじゃない？ レイコだっていないし。何のセレモニーなの？」

私の頭はこんがらがってしまった。マリーンがやってきて言った。

「ルイーズが、トゥーバシティのメディスンウーマンを呼んで、裁判のためのセレモニーをするかもしれないって言ってたわ」

トゥーバシティのメディスンウーマンは、レイコのために呼ぶんじゃなかったっけ？どこでどうなったんだ!?

「セレモニーは明日の朝まで続いて、それまでドアは開かないわ」

マリーンの言葉に、私の頭の中でガ、ガーンというショックの音が鳴り響いた。

明日の朝まで、バスタオル一枚かい!?

ズニが冷静になって言う。

「私の着替えが、余分に車の中にあるから貸すわ」

「ありがとう。恩にきる」

何ということだ。まあ、命に関わるようなことではないからいいが、間抜けだ。ナバホの女性がよく身につける別珍《べっちん》のスカートとTシャツとパンツ（！）を借りた。

心細やかなズニは、私が眠れないのではと思ったらしく、マリーンに話してエルシィ・シェイの家に泊れるようにお願いしたらしい。しかし、いったんは家の中に入ったが、一人でエルシィ・シェイのソファで眠るのも私にはできなくて、車の荷台でズニと一緒に眠った。何より、つい一昨日エルシィ・シェイとキー・シェイに抱き合って別れたばかりだったので気恥ずかしかったのもある。

翌日再びアナメキャンプに行く。すでにセレモニーは終わり、ホーガンのドアが開かれていた。ズニと一緒にホーガンの中に入ったら、バッグごと服がない。どこに片づけられたのだろうと探していたら、グレーの車が、こちらに向かって走ってくる。

レイコだ！　レイコは、車のドアを閉めるやいなや全速力で走ってくる。さすが元陸上選手だ。こんな時に、感心している場合ではない。

「ハグさーん。ああよかった、会えて。朝に来たら服しかないんだもの。中身はどこへ行ったんだろうって、探したぁ」

体全体で息をしながら、話すレイコ。こんな風に、真っすぐなレイコに私は感動する。今ここで話しているレイコだけがレイコ。裏も表もない。

服はレイコが持っていた。一件落着して考えた。私は何か起きた時、その教訓を考えるのがいつの頃からか習慣になっていた。私の心のあり方はバランスを欠いていなかっただろうか。スウェットロッジは浄化のためのセレモニーだが、それは自分以外のものへの祈りとともにある。順番に祈りを言葉にして出す。何度もめぐってくる、だから自分の内側に「祈り」の思いがなければ続かない。今回の私の祈りは本物だっただろうか。言葉に出したそのことが、心の底から出た言葉なのだろうか。自問自答する。私の祈りの言葉は浮わついていたかもしれない。今回は好奇心の方が勝っていたかもしれない。自分の心の底を探る。以前、スウェットロッジをしたときのバヒの言葉を思いだした。

「スウェットをするたびに、違う体験をする。それはその時の自分自身の投影だ」

●●●大地からの贈り物ナバホラグ

「ほら、ご覧なさい。これは祖母、母親、子供、孫と四世代を表しているのよ」

メイ・ソウさんは織り機《ルーン》にかけてある織物《ラグ》の模様を指さして言った。草木染めの毛糸の色が柔らかく美しい。

私たちは、ホピ居留地の北西、モスキート・スプリング地区のナバホのメイ・ソウさんの家にホームステイした。メイ・ソウさんはナバホラグの織り手で、繊細な織りは評判がよい。私たちは、ここでナバホラグと羊追いを見学し体験させてもらう。

ナバホラグは、ナバホチュロ（羊）の毛を使った厚手の織物だ。もともとコットンの織りをしていたところに、スペイン人が羊を持ちこみ、独特の織物が発展した。地区によってパターンに特色がある。どれもナバホの世界観、自然観を反映していて興味深い。

ナバホの伝説によると、スパイダーウーマンが、ナバホの女性に織りを教えたとされる。ナバホの織り機は日本のように水平式ではなく、縦型である。上下に織物を支えるクロスボール、これは空と大地を表している。縦糸は太陽の光だという。デザインの下絵はまったく作らない。上下左右対称になるように縦糸の真ん中に印を付けるだけだ。

織る前にお祈りをする。

「私と共に私の中に、美と調和《ホジョー》があり、私からそして私に向かって美と調和《ホジョー》は放たれる」

「ホジョー」という言葉は、自然の中で心も体も一体になってバランスが保たれるという、ナバホの世界観だ。この考え方が織物にも宿っている。そして模様のパターンは、完結させないで、一カ所開けておく。ここからエネルギーを出す、と説明された。

「媒染剤？　鍋によって色が違うのよ」

草木染めについて質問したら、その答えはおおらかで経験的だ。鉄鍋、銅鍋など鍋の成分が媒染剤の役目を果たす。シダートリー、コヨーテベリー、ブルーベリーなど、周辺の木の皮や花、草を使う。メイ・ソウさんは、ラグを織りながら自分のことを話してくれた。

「今年で六五歳になったわ。孫が三〇人近くいる。私の母は、八三歳でまだラグを織っている。私は六歳で学校に行かされた。でもディネの言葉を話すと『汚い言葉を話すな』と言われ口の中に石鹼液を入れられたり、手を叩かれたりした。すっかり学校に行くのが嫌になり、祖母が学校に行かなくてもよいと言ってくれたので、それからずっと家にいる。一〇歳の頃、祖母の織りの仕事を毎日見ていて、まねをして毛糸の残りで手のひらくらいのものを織ったのがはじまり。家の人がそれを見て、もっと大きなものを織ったらと言った」

それから五〇年以上の間、羊を飼ってその毛を刈り、糸を紡ぎ織るという生活を続けている。

メイ・ソウさんの一日は、朝食の準備からはじまる。ブルーコーンのパンケーキや、トウモロコシをつぶしたものをその皮で包んで焼いたものや、チキンのスープ等々。メイ・ソウさんはきれい好きでお料理も大好き！という人らしく、部屋の整頓がいき届いていて、

調味料も使いやすく整理されていた。

朝、私たちがメイ・ソウさんのキッチンに行く頃は、木にロープを張ったところにはすでに手洗いの洗濯物がかかっている。水道がないので、毎日メイ・ソウさんの弟が、車で地下水をドラム缶に入れて運んできてくれる。電気は通っていないので夜はランプの生活だ。オーブン付きのコンロは、ボンベに入ったガスを使用している。

メイ・ソウさんの家には羊追いの犬が二匹いて、八匹の赤ちゃんを産んだばかり。耳の垂れた黒い子犬たちがおぼつかない足取りで、「遊んでよー」という風にアヤのところにやって来た。あまり雨の降らないメイ・ソウさんの家では、犬小屋というものは作らず、放牧地の大きなジュニパーの木の根もとが犬たちの居場所だった。アヤは、毎日朝ご飯を食べると子犬のところを訪問する。だっこしたり頭をなでたりして遊んでいたが、最後には子犬がぞろぞろアヤの後をついて歩くようになった。八匹といえど、ディズニーの「一〇一匹わんちゃん大行進」のような光景だ。納屋では野良猫の子どもを発見する。ポニーにも乗せてもらった。動物の好きなアヤはエキサイトし、朝から晩まであちこち飛び跳ねて、しゃべり続けて疲れることを知らない。

「あなたの子供は自分の国の言葉を話しているけど、私の子供たちは皆学校で英語を話すように教育されている。孫たちはもうディネの言葉を話せない。伝統的なディネの言葉は失われつつある」

メイ・ソウさんは、ため息をつくように言った。ホピのみならず、ナバホでも部族の言葉が失われていっている。言葉が失われるということは、その言葉でないと表現できない固有の文化も失われていくということだ。そして言葉だけではなく、その地下に眠る豊富な石炭とウラン利権をめぐって伝統的な生活そのものさえビッグマウンテンでは奪われようとしているのだ。大地とつながってきた人々がそのつながりを断たれる時、それはインディアンとしてのアイデンティティが失われる時であり、強制移住の補償金をもらって立派な家は建てたが、仕事もなくアルコールに溺れていくナバホが後をたたない。

夜、八時頃になるとメイ・ソウさんとおつれあいは、小型トラックに乗ってどこかに出かけていく。

「毎晩どこへ?」とレイコが聞いたら、「畑」と言う。

「夜に畑?」

「時々、夜に畑の中に牛を入れる人がいるの。作物が食べられてしまう」

よくよく聞くと、ホピ警察が、嫌がらせのためにそんなことをするらしい。メイ・ソウさんのところでは、移住のための書面にサインをしてしまったという。それでもすぐに移住ではなく、ここ七〇年は住める条件なのだが、部族政府側はそうではなく、七〇年の間に出て行けということらしい。メイ・ソウさんが住んでいる土地も、いつかは石炭を採るために掘り返され、無惨な傷口をさらけだすのだろうか。私は、この美しいビッグマウンテンの土地を見ながら、この風景が永遠に続いてほしいと願った。夕日が地平線に落ち、夜のとばりが地に満ちた頃、メイ・ソウさん夫妻は、またランプを片手に小型トラックに乗りこんだ。

●●●サミエルさんと羊追い

メイ・ソウさんの家では、羊と山羊を三〇頭ほど飼っている。毎朝ケージを開け、羊たちを放牧するのは、メイ・ソウさんの弟のサミエルさんだ。私たちは朝八時にケージの前に行き、サミエルさんについて羊追いを体験することにした。この日もカンカン照りで、レイコも私も顔や手に日焼け止めクリームをたっぷり塗って臨んだ。アリゾナに来てから、日焼け止めクリームを朝起きたらすぐに塗るというのと、夜になったら洗い落とすというのが日課になっていた。

ケージが開け放たれると、羊たちの群は待ってましたとばかり、一つのかたまりになって飛び出した。毎日のことなので、羊たちはどの方向に行くのか知っているのだろう。群と逆の方向に行くものは一頭もいない。二匹の羊追いの犬が最後尾につく。私は、犬の後ろについて全体の動きを眺めた。固まっていた群は、歩きながら広がっていった。羊といえども個性はそれぞれで、勢いよく群のトップを足早に歩くものもいれば、のんびりとマイペースのもの、学校の授業参観の母親よろしく、後ろの方で何頭かで和んでいるものなどさまざまだ。犬たちは、ペースの遅い羊たちを追い立てる。それでも必要以上のことはせず、見守っているという態度だ。

レイコとアヤは、先頭の羊と一緒に歩いている。サミエルさんは、羊が横道にそれないように全体の進行方向を見ながら、動いている。それを犬がサポートする。なかなかよいチームワークだ。太陽の光は強く容赦ない。脱水状態にならないよう、時々ペットボトルの水を飲みながら歩く。足もとには、セージやサボテン、ユッカなど半砂漠特有の植物が生えている。羊たちは歩きながら、足もとの草をおいしそうに食べている。私も、羊の後からセージの葉を摘みながら進んだ。セージを束ねたものは、日本でいうお線香のような役目があって、邪気を払ってくれるといわれている。

枯れた川が目についた。蛇行している溝という感じだ。

「これは川だったの？」

サミエルさんに確認のために聞いた。

「昨年は水が流れていたのだけど、今年はさっぱりさ。この辺なんかは、去年はスイカやカボチャがたくさんできていたのに、雨がまったく降らないもんだから、作物が何も育たない」

サミエルさんは、遠くを見渡しながら残念そうに言った。

「羊飼いの仕事は瞑想のようだ」と言った人がいた。人によっては非常に退屈な仕事かもしれない。しかし、サミエルさんは、「退屈」という言葉など知らぬように、淡々と羊追いの仕事を遂行する。一日一日を静かに生きる。季節やその日の風の強さで、放牧する方角は違っていて、長い間の経験と智慧が必要とされる。この仕事を続けたら、穏やかな気持ちが育まれることだろう。

突然、羊の足が速くなった。それまで草を食べながら歩いていた羊は、もう草のことは眼中になく、いちもくさんに駆けだした。遠くの方に風車が見える。地下水を汲みあげている場所だ。羊はそこを目指して走っている。私も羊にせかされるように、風車に向かった。泉から汲みあげられた水が、水車の足下に備えられた二×五メートルほどの金属製の容器に流れこんでいる。その中に、我先にと首をつっこんで水を飲んでいる羊たち。犬たちも羊に混じって、喉を潤している。朝八時に出発して、泉のあるところまで着いた時にはお昼をまわっていた。いつのまにか四時間も歩いていたのだ。距離にしたら片道六、七キロほどだろうか。

「これから西の方をまわって、羊がケージに帰るのは、午後四時頃になってしまうよ」

サミエルさんの言葉に、私たちは昼食をとるために先に帰ることにした。

夕方、サミエルさんが、

「ここにもダイナソーの足跡があるんだよ」

と、私たちを誘った。家の西にある窪地の方に降りていくと、二抱えもある岩に恐竜の足跡がしっかりと残っていた。よく見るとプテラノドンの足跡だった。プテラノドンは恐竜ではなく鳥の祖先といわれる「翼竜」の仲間だ。全長七、八メートルほどある。内陸海に住み海面すれすれまで飛んで、魚を捕食していたといわれる。現在、海抜一〇〇〇メートルから二〇〇〇メートルあるナバホやホピの人々が住んでいる土地は海だったのだ。

遺跡の声を聴く

●●●月への祈り

三泊四日のメイ・ソウさんの家でのホームステイを終え、私たちはいったんウィンスロウのズニの家に行くことにした。洗濯をしてお風呂にも入りたい。ホピ居留地の三つのメサを右手に見ながら走り抜け、R八七を南下する。居留地の中にいるとウィンスロウのように小さい街でも都会のような気がする。バッシャーズという大型スーパー、マクドナルド、DIYショップ、メキシコ料理のチェーン店……。すっかり日は落ち、建物も道路も夕闇の中に沈み、見分けがつかなくなってきた。

やっと見覚えのあるズニの家に着いた。ズニは、マリーンたちと他の州に行くと言ってたので不在だ。お風呂、洗濯、そして久しぶりに日本食を作ろう！　期待に胸を膨らませながら、スペアキーを差し込んだら、開かない。えーっどうしよう!!　私たち三人は、パニック状態になった。窓もキーがかかってるし……。

「慌てても仕方がない。どこかでゆっくりご飯を食べてから対策を考えよう」

レイコの提案で、おなかが空いていた私たちはウィンスロウのメインストリートに出た。健康を考えて、ここにはできるだけ行かないことにしよう、と思っていた「マクドナルド」に入ることにした。背に腹はかえられない。アヤは大喜びしている。きっとレイコも、アヤをあまりマクドナルドには連れて行ってないにちがいない。

あたりはすっかり暗くなり、閑散とした店内の時計の針は八時を示していた。私たちは頼んだハンバーガーやフライドポテト、コーヒーを持って、外のテーブルに出た。満月に近い月が美しい。

「変なことになっちゃったね」

「まあ、道は開かれるさ」

どちらが、どちらのせりふを言ったか定かではないが、気持ちは同じだった。アヤは、ハンバーガーについてきた、プレニアム用のシールをはがしている。

「ねえ、これポイントが揃ったら、すごいものが当たるよ」

キャンペーンのリーフレットを見ていたアヤの言葉に、オバサン二人は少し本気になる。

「どれどれ、おーっ現金《ゲンナマ》!? 何ドル?」

「すごい車! 当たったら売り飛ばして現金に換えて旅費の足しになるわ」

あくまでも現実的である。アヤは、リーフレットの日本製のゲーム機の写真をじっと見ている。残念ながら、中途半端なポイントしかそろわず、それでももう少しがんばったらそろいそうな組み合わせなのだ。これが手か!? アヤがつぶやく。

「もう一回か二回、マクドで食事したらそろうのかなあ」

やっぱり、そう思わせるのがマクドナルドの手かもしれない。

月の光があたりの風景をとても静かにしている。私は、あるエピソードを思いだした。

「友人がね、満月になる前から満月の日にかけて、お願いのお祈りをしたら叶ったたって言うのよ。あそこの靴屋のアノ靴ガ欲シイって。小さなことだけど。そして靴屋の前を通りかかったら、その靴がバーゲンで出てて、やった!!って買ってしまったんだって」

「お祈りしようか」

レイコが言う。

「現金と車とゲーム機が当たるようにって?」

冗談っぽく返したが、心の中では、

「旅の中盤、少し心を引き締めて謙虚な気持ちにならないと……」

と思った。普段起こらないような出来事が起こったり、物事がスムーズに流れない時は、ちょっと立ち止まって考えなさいというシグナルのような気がするのだ。アヤもレイコもまじめな表情になり、手を合わせて月の方に顔を向けた。

レイコは宮田のことを祈っているのだろうか。アヤは、やはりゲーム機?

こんな他愛のないことを話していたら、気持ちが落ち着いてきた。レイコが言う。

「もう一度、家の周りをチェックして、開くところがないかどうか見てみよう。それで駄目なら、モーテル探そう」

方針が決まったので、再びズニの家に向かった。

ぐるっと家の周囲をチェックしたら、網戸が付いている窓の鍵がかかっていない。網戸さえ外せば、そこから入れる！　さっそく、隣りの人に事情を話してドライバーを借りることにした。隣のカップルのかたわれの男性は、背の高い人だった。彼は難なく網戸を外してくれた。

「私だったら簡単に入れるよ」

アヤの言葉に、私たちは小柄な彼女を窓から押し込み、内側からドアを開けてもらった。

やったーっ。その後思う存分風呂に入り、洗濯をしたのはいうまでもない。

●●●化石の森、虹の森

ズニの家でゆっくりと休養し、私たちは隣の州ニューメキシコの「チャコカルチャー国立歴史公園」に行くことにした。ホピ族の祖先といわれるアナサジ最大の遺跡があるという。けっこう距離があるので、途中ギャラップのモーテルに一泊するという予定をたてた。

ウィンスロウからR四〇を東へ向かう。道路がよくて、皆どの車も八〇マイルは出している。隣の車線に、ハーレーに乗った男性が走っていた。六〇代くらいだろう。黒いレザーの上下にヘルメットをかぶり、よく手入れされた白いひげがのぞいている。荷台のシェラフやバッグの上には、小さなテディベアがくくりつけられている。テディベアはお孫さんへのおみやげだろうか。顔を見たら視線が合ってしまった。彼はニッと笑って、左手の親指を突き立て、ハーレーのスピードをあげ、私たちの車のはるか先を走って行った。

アメリカは広い。建物が少なく道路が曲がりくねっていないので、ずっと遠くの空が一望できる。地平線に近いところに雷雲が見え、時々光の矢が大地に向けて放たれる。あの下も走るのか。どんどん近づいて雷雲の真下に入った。父なる空と母なる大地のエネルギーの交感だ。髪の毛がピリピリする。目には見えないが放電しているのだ。

途中、恐竜のレプリカが道路際に置かれている。この地も恐竜の化石などが出るのだろうか。地図を見ると、道路を挟んで「化石の森国立公園」があるので寄っていくことにする。大きな公園の中で部分的に雨が降り、雨があがったあと虹が出る。R四〇の下をくぐって公園の中に入る。

ここには、直径一メートル以上もある丸太の化石がゴロゴロ転がっている。二億二五〇〇万年前に、松や杉の大木の森が嵐などで倒れ、砂と泥に埋もれ酸化から免れた。それに加え、泥の中に含まれていた火山灰の成分、珪素《シリカ》が、木の細胞と化学反応を起こし、石英の結晶を作りだした。そのようにしてできたのが珪化木《けいかぼく》といって宝石のように美しい。しかし最も有名なブルーメサの珪化木は、すぐそばまでは行けず双眼鏡が必要だ。公園そのものが大きくて、すべてを短時間でまわるのは無理だ。私たちは比較的手前のプエルコインディアン遺跡《ルーン》と岩絵が描かれているニュースペーパーロック、そしてビジターセンターに行った。また雨が降りだす。

プエルコインディアン遺跡は一四世紀のもので、日干しレンガで作られた住居跡が残されている。岩絵は動物や季節の移り変わりを表したものなどがあるが、ほとんど解読されていないという。その中で渦巻き模様の岩が、印象的だった。それも太陽らしい。その岩絵の反対側の岩に穴があけられていて、夏至の朝の八時三〇分頃になると、その穴から渦巻き模様の岩に向けて日が射し込むように作られているということだ。それで季節の変わり目を知ったのだろうか。ルーンをまわっているうちに雨があがり、北東の方向に二重の虹が出た。この日は化石の森国立公園を中心に、虹を六回見た。あとで公園のパンフレットを見たら、公園の奥にあるミュージアムの名称が「虹の森博物館」となっていた。虹の多い地域なのだろうか。虹を横目で見ながらR四〇をギャラップに向かう。レイコが運転しながら、話してくれた。

「虹が出るのは、インディアンにとって霊的なことが成し遂げられたという意味なのよ」

インディアンは、そのように天体や自然の現象を、グレイトスピリットの啓示と受け止める。成し遂げられた霊的なことは何なんだろう。あの虹の下で祈りを捧げているインディアンがいるのだろうか。地図に描かれたインディアン居留地を見ながら思いを馳せた。

●●●アナサジの不思議な都市空間・プエブロボニート

ニューメキシコ州に入った。ギャラップのモーテルで一泊して、スーパーで食料や水を調達して「チャコカルチャー国立歴史公園」に向かう。キャンプ場があるので、そこでテントを張り自炊するつもりだ。途中、にぎやかな音楽が聞こえてきたので、車を止めるとそこはインディアンの人たちのバザー会場だった。会場のミュージシャンは調子っぱずれだが、雰囲気を盛りあげるのには一役買っていた。おもちゃや古い時計、食器や家具、CD、アクセサリー、そして食べ物もある。メキシコの食べ物「タコス」を買って食べた。

トウモロコシの粉で焼いたパリパリのトルティーアにレタスと調理したひき肉とチーズを挟み、チリソースをかけたものだ。

アヤはレイコに岩絵のペンダントを買ってもらった。アクセサリーを売っていたナバホの中年男性は、岩絵の説明をしながら、

「これからどこへ行くんだね。チャコカルチャーかね」

と聞く。彼によると一昨日雨が降ったので、道路が悪いと言う。

「一日たっているから少しはよいと思うが、気をつけるんだよ」

ドロドロのぬかるみにタイヤがはまったら、女三人でどうにもならなくなる。これは心して行けよ、ということか。

R三七一を北上する。ただ広いだけの荒野が前後左右広がっている。たまに家が小さく見える。そんなところでもスーパーマーケットのバッシャーズはある。R五七に入り三、四〇分くらい走ると、教会のような建物が一件、ポツンと建っていた。教会ではなくクッキーや、ポップコーンやコカコーラを売っている店だった。そこで白人の若い女性から、手作りのクッキーを買う。その店の横の道を北上すると、「チャコカルチャー国立歴史公園」だ。見ると舗装していないダートロード。これが噂の「悪路」か。

「おまかせあれ」

レイコは器用にハンドルをさばき、水たまりやぼこぼこの部分を避けて走った。道路は、砂が舞いあがり、進行方向の風景が見えないほど起伏が激しいところもあった。あいかわらず半砂漠の風景が続く。遠くには、牛の姿があるばかりの田舎も田舎、僻地、辺境……どんな表現がぴったりだろうなどと考えながら、私は流れる風景を見ていた。途中小さな家が一件あったが、道路際に、西部の自然からインスピレーションを受けた画家ジョージア・オキーフの絵にあるような牛の頭蓋骨や壺が、オブジェのように並べられていた。どんな人が住んでいるんだろう。

「チャコカルチャー国立歴史公園」のあるチャコキャニオンは、岩山を背に遺跡が並ぶ。広々とした谷は川が流れ、その昔コットンウッドの木々や桃などの果樹も生え、多くの人々が行き交っただろう。アナサジ最大の遺跡「プエブロボニート」はスペイン語で美しい村を意味する。半円形で四階建て、六五〇室もある壮大なものである。平たい石が積み上げられた壁が美しい。標識に従って中に入ると、広場を中心にして大小のキバ（インディアンの祈りの場）があり、川から水を引いてきた水道の跡も残っている。台所らしい部屋には、トウモロコシを粉にする石の道具が、つい今しがたまで使っていたかのように置かれていた。これらの建造物やこの場所にいたる道路なども、太陽や月の運行との関係を計算して作られたという。

高度な文明である。しかし、この高度な文明を担ったアナサジの人々は、一三〇〇年代にこつ然と姿を消す。メサベルデなど、他のアナサジの遺跡も同じ時期に住居が放棄され、アナサジの人々は姿を消す。干ばつなどの大規模な天候の変化があったのではないかといわれているが、真偽のほどは定かではない。

遺跡の傍らにキャンプ場があり、ここで一泊する。夜にビジターセンター主宰のレクチャーが、センターの外で行われたが、強風と雨で私たちは早々とテントに避難した。シェラフの中で、雨の音に混じり遠くなったり近づいたりする雷鳴を聞きながら眠りについた。

翌日、すっかり雨はあがりさわやかな朝だった。簡単なスープを作る傍らに小鳥がやってくる。人間をあまり恐れていない。しばらく私たちを観察すると、どこかに飛んで行ってしまった。グランドキャニオンのリスといい、この場所の小鳥といい、同じ地球という場に生を受けた仲間意識のようなものを、私たちに教えてくれる。

食事を終え、私たちは谷の岸壁に残る岩絵を見てまわった。昨夜の雨水が岩にしみている。このように各地に残る岩絵の数々。文字をもたない先住民の人々にとってシンボライズした絵が文字の代わりだ。どのような思いで、これらの岩絵を残したのだろう。私たち三人は、一つでも意味が受けとれないだろうかとていねいに見てまわった。

チャコキャニオンに、臨床心理学者の河合隼雄氏が訪れている。『ナヴァホへの旅・たましいの風景』(朝日新聞社)という本で、姿を消したアナサジについて、こう推論する。

「ヨーロッパ近代主義の考え方からすると、文化や社会は『進歩』する、あるいはするべきと考えている」「白人たちが最初会ったプエブロやホピの人々の生活を見て、これがアナサジ文化の後継者であるとはとうてい考えられなかったのではなかろうか」

しかし、建築様式だけ見ても、ホピやナバホといったプエブロインディアンが、アナサジとつながっているのは明白だ。河合氏のイマジネーションは、次のような情景を描く。

「アナサジ文化が『進歩』し壮大な建築物を築き、人々の往来もはげしくなった時、大干ばつが続く。その時、シャーマンの誰かが啓示を受け、『自然に帰ろう』と呼びかける。人々はその言葉に耳を傾け、一斉に大きな建築物を離れ、それぞれが自然と共に住む生活にとけ込んでゆくことになった。そこには何の争いもなく静かな行動だけがあった」

「それは本当に『退歩』なのだろうか」

私たちは、誰もいない遺跡を前にして、ホピがいう「質素で精神的《スピリチュアル》な生活」という言葉の意味をかみしめた。

●ナバホのヤジー氏との出会い

ビジターセンターで、手紙を書いていたら午後二時を過ぎていた。大変! 今日は、もう一つの目的地キャニオンデシェイに向かわねばならない。私たちは大急ぎですべての荷物を車に積みこんで、チャコキャニオンを後にした。

また、来た道をひき返す。道路は昨日の雨で、来た時よりもドロドロになっている。誰かの車が泥だまりに落っこちた跡がある。ひきあげるのに苦労したようだ。レイコは慎重にハンドルをさばく。私がマップを見ていると、レイコが言う。

「R五七を過ぎてから、西の方のR九の道路を通るわ。そしてR六六六に入る」

「六六六ねえ。ちょっと嫌な数字だわね」

私の胸にちょっと不安がよぎる。

「悪魔の数字ってよく言うけど、R六六六の先にシップロックという奇岩でできた岩山があって、あまり気持ちのよい形ではないのよ」

レイコもちょっと口が重い。私は自分の気持ちを落ち着ける意味もあって、

「ネガティブなことが起きませんように……」

と心の中でお祈りをはじめた。遠くで雷の音がする。

「湖の傍らにキャンプグラウンドがあるから、着いたらすぐにテントを張ろう」

レイコの説明を聞きながら、私の内で不安が広がる。これは何なのかしら。空は黒い雲が広がっていく。天気が崩れている。キャンプが無理だということなのだろうか。

R六六六に入る頃には、日が暮れ山の黒い影だけが浮かぶ。車の中で、ベーグルやパンをかじりながら進む。途中、トイレ休憩のためにガソリンスタンドに入る。手を洗いながら、顔の日焼け止めクリームを落とす。もう太陽の姿はないのでいいだろう。ちょっとスッキリしてまた乗車。それから二、三〇分走った頃だろうか。

「アッ、アーーーッ！」

レイコが突然素っ頓狂な声をあげる。

「時計、ガソリンスタンドに忘れたみたい！　どうしよう！」

私たちは大急ぎで戻り、アヤが私たちの間を抜けるようにして、ガソリンスタンドのトイレに駆けこんだ。

「あった！」アヤがレイコの時計を、トイレの洗面台の上で見つけた。あーよかった……。

ホッとしたのもつかの間、雨が降りだす。日もとっぷりと暮れ、周囲を見渡すと街灯もないので闇の中だ。これからキャンピングは無理だ。

私たちの車の隣りに、ナバホの女性が停車した。彼女の話では、モーテルはウィンドウロックにしかないという。ナバホ政府のある町だ。私たちは、激しくなる雨の中その町に向かった。真っ暗な空に雷鳴が轟き、稲妻が光る。フロントガラスに叩きつけるような雨。

「ハグさん、実はね。話してなかったんだけど」

レイコがハンドルを握りながら、改まった声で話しはじめる。

「なあに？」

「六六六を行った先の、キャンプをしようと思っていた湖のあたりはね、ここ二、三年変な病気が流行っている噂があるのよ。それにかかると三、四日で死んでしまう」

ちょっとピンときた。

「風邪かな、と思っているうちに高熱がでてあっという間に死んでしまう？」

「なんで知ってるの？」

「出発する三、四日前に、自動車会社の営業マンが、ＰＲ用の雑誌をもってきてね、それに書いてあったの。アメリカ便りを書いている人の文章だった。ナバホ居留地で流行っている原因不明の奇病って」

「ごめんね。この話したら、恐怖心もつかなと思って黙ってたんだ」

優しいレイコなのだ。

「うん、恐怖心以前のことで、これは大事なことだよ。レイコちゃんだけで抱えていてはいけない。共有しないと」

「ま、レイコちゃんの時計騒ぎで、私たちは危険から離れたわけだ。グレイトスピリットのやることは深い」

「時計かあ、私時々やるのよね」

レイコは苦笑している。

ウィンドウロックに着いた。「ナバホネイションにようこそ」という表示がある。モーテルを探す。最初「ナバホネイションイン」に行って値段を聞いたら八〇ドルで、今まで一番高い。もう少し別のモーテルも探そうと、雨の中メインストリートを走る。「デイズイン」という看板が見えた。中に入ったら先のモーテルより立派。値段も二〇ドル違う。

「さっきのモーテルに戻ろう」

二〇ドルといえど、無駄にはできないと思った。アヤが、

「もう、ここでいい！　私眠い！」

と訴えたが、主婦感覚の私が許さない。

「車で十分もかからない。戻ろう！」

雨の中、また私たちは「ナバホネイションイン」に戻った。

翌朝、昨日の雷雨がうそのように晴れ上がり、カーテンの隙間から射す光がまぶしい。ドアを開けて、外の景色を見ると木々の間から、朱茶色の奇岩がそそり立つ。モーテルの隣りは、「ナバホトライバルミュージアム」だった。ここを見学して、ランチをミュージアムのそばの公園でとろうということになった。プレイリードッグが、公園の歩道を駆け抜けて行く。

ミュージアムの中では、ナバホのホーガンの模型や機織り機、さまざまなセレモニーの用具や砂絵のレプリカ、ナバホラグや工芸品を展示していた。企画展ではインディアンの現代絵画の展示をしており、私たちは一通り見てまわった。本やビデオ、音楽CD、カセットテープ、ナバホラグなども売っている。通路にミスナバホのポスターが貼ってあった。ナバホの人の審美眼はどんなものなのだろうとちょっと興味をそそられた。昨年のミスナバホは黒人の混血の女性で、ひき締まった茶色の肌に切れ長の目が美しい。彼女は歌手でもあり、アカペラで歌うナバホ語の歌は、よく伸びる声が気持ちよい。

またトイレで日焼け止めクリームを塗りこむ。長いトイレタイムにロビーで待っていたアヤは退屈して、私の顔を見ると早く車へ行こうと駆けだした。三人で建物の外に出たとたん、声をかけられた。

「どこから来た?」

見れば、かっぷくのよいナバホのおじいさんだった。日本人とわかると、

「ちょっと来い」

と、自分の車の方に私たちを呼び寄せた。ボックス型の車の荷台に大きなバッグが置かれていた。彼はその中から、折りたたんだ布を取りだした。ヤジーと名のる彼の荷物から出てきたのは、古い一枚の日本の国旗だった。

ヤジーさんによると、第二次世界大戦の時、ナバホコードトーカーとして参戦したヤジーさんの弟が、硫黄島で戦死した日本兵の遺品として持ち帰った物だという。ナバホコードトーカーとは、大戦時にアメリカ軍のほとんどの暗号を解読してしまった日本軍に対して、合衆国がナバホ語を軍事用の暗号に採用したことにはじまる。一九四二年、インディアンの言葉をミリタリーコミュニケーションに使えないかどうか、フィリップ・ジョンス

トンが発案した。ナバホ語だけでなく他の部族の言葉も使われたらしい。しかし、写真集やビデオなど記録として現在残っているものの多くがナバホのものだったので、日本でも敗戦の逸話の一つとして、ナバホコードトーカーの話が伝わっている。二九人のナバホの男性を使ってテストし、そして四〇〇名ほどのナバホ兵が養成された。結局日本軍はナバホ語などインディアンの言語を解読できず、ミッドウェーの海戦での敗北や硫黄島玉砕など、辛酸をなめることとなる。

出征する時に、親類や友人などが寄せ書きをしたのだろう。「徹純忠大義」と大きく書かれた下に、たくさんの名前が並ぶ。「城戸」姓が多いので、親類かもしれない。

「家族へ返したい。協力してもらえないだろうか」

もちろん私たちはできるだけのことをすると、ヤジーさんに約束した。

ヤジーさんによると、ミュージアムでの次の企画が、ナバホコードトーカーの写真展だという。責任者のゾニーさんという女性に会った。高校の教師をしているという。話を聞くと、若い世代がナバホ語を話せなくなっている今、ナバホコードトーカーの話は、ナバホ語を奨励するのに、一役買っているらしい。ゾニーさんは言う。

「ナバホ語が使われたおかげで、戦争が早く終わったのよ」

原爆の投下が同じ理由で正当化されているのと同様なのだろう。

レイコは言った。

「言葉は人と人をつなぐものです。日本の古い考え方では、言葉には力が宿ると考えられています。私たちは言葉が平和のために使われることを望みます」

言葉に力が宿るということは、ナバホも同じだという。くしくもこの日は、八月六日、ヒロシマデーだった。この出来事は、私たち二人に過去、現在、未来を同時に考えさせられ、私たちがこれからどうしたいのか、何が大切なのか問われていると感じさせられた。

後日談だが、ヤジーさんの日本国旗は北九州に持ち主が存命しており、無事届けられたことをここに記しておこう。帰国してから、国旗に書かれていた名字をインターネットで検索したら、北九州のある場所に集中している名字だったのだ。北九州のローカル紙に、記事として取りあげてもらうと、すぐに持ち主が判明し、二人で胸をなで下ろした。

●●●美しい谷キャニオンデシェイを歩く

町の名前の由来となったウィンドウロックに行き、記念写真を撮る。赤い巨大な岩にぽっかりと大きな穴が開き、その窓は真っ青な空を映している。雨や風などの自然の力で開いた穴だそうだ。春分と秋分の日に、太陽がこの窓から昇る。父なる太陽も東という方角も、ナバホの人々にとって聖なるもので、それを抱くウィンドウロックは、日本人にとっての神社と同じ聖なる場所だ。

ウィンドウロックをあとに次の目的地、キャニオンデシェイに向かう。R二六四を右折し、R一九一を北上。草原が続く。チンリーの町に着く。そこを右に曲がり坂を三マイルほどのぼって行くと、しゃれたホテル、サンダーバードロッジが見え、すぐ傍らにビジターセンターがある。コットンウッドの大木の林の中に、整備されたキャンプグラウンドがあり、白人のキャンパーたちが、テントを張ったりキャンピングカーを入れたり、所狭しとにぎわっていた。犬を伴ってくる人も多く、犬同士がお互いを探りあっている。焦げ茶色の野良犬がその間をうろつく。チャコキャニオンに比較して道路が整備されているのも、人が集まる要因だろう。

私たちはテントスペースを確保して、さっそく峡谷の方に行くことにした。キャニオンデシェイはスペイン語で「岩の峡谷」という意味で、東西にV字型に伸びる峡谷だ。アナサジの石積みの遺跡が数十カ所も残っている。ここの遺跡の特徴は断崖絶壁にできた自然の洞窟に、住居を造っている点にある。昔は、アナサジの住む谷だったが、今はナバホの人々が住んでいる。グランドキャニオンに比較して、峡谷は浅く明るい。優しい感じがするのは、コットンウッドの木が多いせいだろうか。事前に予約して、峡谷をジープでまわるツアーもあるらしい。サウスリムと名づけられた峡谷には展望台が八つあって、何番目の展望台だろう、遠くにホワイトハウス遺跡《ルーン》が小さく見える。どんなガイドブックにも載っている遺跡で、ここで最も有名な遺跡だ。明日は歩いてその遺跡まで行く。

レイコが、対岸の岸壁を指さして言う。

「ハグさん見て。あの岩の形」

何かに似ている。

「左端が龍の頭に見えない？」

そう、龍だ。頭から続いて胴体が、岸壁の上の方を縁どるように形造っている。

「ここに龍がいたなんてね」

私は、日本を発つ時の雨と、フラッグスタッフへ向かう道での、あの長い雲を思いだしながらつぶやく。インディアンの人たちは、何に見えたのだろう。

サウスリムの終点はスパイダーロックだ。二四四メートルの高さの細長い二本の岩が、谷底からそびえ立つ。中指と人差し指を立てた形だ。谷底には、コットンウッドの森が川に沿って生え、並行して一本の細い道が通っているのが見えた。ナバホやホピの人々の創世の物語に出てくるスパイダーウーマンは、スパイダーロックの頂上に住んでいるといわれる。ナバホの子どもたちが何か悪いことをすると、「ほら、スパイダーウーマンが降りてきて、食べてしまうよ」と脅されたそうだ。スパイダーロックの頂上の岩肌が太陽の光にさらされて白くなっている様子が、あたかも骨が積んであるように見えることから生まれた逸話らしいが、創世神話で「世界を編む」といわれるスパイダーウーマンにしてみれば、脅しの道具に使われるのは心外だろう。はじめて来たところなのに、妙に懐かしい。いつの間にか日が暮れ、空は群青色になっていた。

キャニオンデシェイはナバホ居留地の中にあり、ナバホの人にとって聖地になっているので、国定公園に指定された後も人々は土地を手放さなかった。公園ではあるが、ナバホの人々が住んでいる場所なので、ここを歩くにはビジターセンターにある公園管理事務所の許可が必要なのだ。翌日、許可のいらないホワイトハウス遺跡を見学に行く。遺跡までの往復四キロの道を歩く。展望台から下りる道は、色とりどりの岩がゴロゴロしていて、それだけでも楽しめる道だった。

ホワイトハウス遺跡は、巨大な岸壁の窪んだ部分に建てられた住居で、崖と住居の色が同じような色合いなので、遠くから見たら目立たない。わざわざ住居に石灰を塗ったらしい。一〇〇人ほどが生活していたという。崖の下にも住居跡があり、崖の窪みの住居との間には、はしごなどが掛けられていた。敵が来たら上の住居に避難しはしごを外せば、ほぼ直角の崖を誰も登っては来られない。天然の要塞である。アナサジの人々は性格が穏やかなので、戦闘的な他の部族から狙われ、襲われたあげく奴隷などにされたという。

日本に明治政府ができようとしている一八六三年、この地は合衆国陸軍とナバホの戦士との最後の戦地でもあった。合衆国陸軍はナバホを兵糧攻めにするために、トウモロコシ畑や住居に火を放ち、栽培していた桃の木を切り倒した。今でも焼け焦げた桃の木が谷のいたるところに残るという。

谷をわたる風に、コットンウッドの葉がそよぐ。ここで篭を編み、トウモロコシを干し、織物を織り……幼い子どもの声も聞こえてきそうだ。ここで生まれここで老いていく人がいたのだ。私はそこで生きた女性の人生を感じた。あっという間の一人の女性の人生。季節ごとの祭儀を行い、共に喜び、失ったものへの悲しみをうずめ……人生の喜怒哀楽の断片が、遺跡の周りに残っているような気がした。多くを望まずとも、大自然の中でただ生かされていることに感謝して孤独に陥らず、心穏やかな満ち足りた人生があることを、今の私の人生と重ねて思った。淡々と、一日一日を感謝して年老いて、命がつながっていく……。ふと気がつくと目の前には、ホワイトハウス遺跡が静けさの中にあり、優しい風が私の耳もとを流れていった。

キャニオンデシェイには、岩絵も多く残る。しかし、それを見るには、許可をもらいガイドをつけなければならない。三日目の朝、前日予約していたガイドがビジターセンターにやってきた。がっちりした体型のナバホの男性はジェームス・ヤジーという名で、この谷の住人で五歳の男の子がいるという。ヤジーという名が多いようだが、日本でいう佐藤さん、鈴木さんにあたる。ガイドの車に乗り、谷に降りるための通路のあるところまで連れて行かれた。展望台の断崖の部分に、金属製の階段が取りつけられ、普段はそこは鍵がかかっていて、ガイドしか開けられない。

四人で降りていく。谷に降り立つと、小鳥の声がどこからか聞こえてくる。展望台と谷では、まったく別世界だ。川からの豊かな水が谷を潤しているのだろう。コットンウッドの森を歩き、豊かな緑が広がる草原には放牧された牛の姿があった。桃の木が所々に生えている。足もとには、牛の糞がたくさん落ちているので、気をつけて歩く。川に出た。対岸から白人の観光客が、馬に乗り川を渡ってきた。また、ジープにたくさんの白人観光客が乗りあわせ、川の流れを切るように走り去った。さまざまな形のツアーがあるのだろう。私たちは靴を脱いで、裸足で渡った。川砂の感触と足首を流れる水の冷たさが心地よい。

また靴を履き、森を抜ける。岩絵がある岩壁まで来た。その場所は柵で囲まれていて、乗り越えて行かねば、傍らまで行けなかった。ガイドのヤジー氏が、入ってもよいというので、遠慮なく乗り越え、草をかき分け、岩絵の真下まで行った。羊や山羊の姿。ギザギザ模様。狩りをする人……アメリカインディアンの祖先は、さまざまな場所に岩絵を残しているが、祭儀のためなのか……それとも子孫に何かを伝えようとしてのことなのか。

岩絵の意味は、いろいろいわれている。

「手や足の形のものは、グレイトスピリットを表しているのだそうよ」

とレイコは言う。はじめて見る岩絵なのに、中には何か記憶の奥をくすぐるような、日本の古代文字といわれているものに似ているものもあるが、残念ながら私たちには理解不可能だった。

私たちは、十分岩絵を見ることができたので、ビジターセンターにひき返すことにした。ナバホの人々が暮らしている谷の風景は、明るく、妙に懐かしさを感じさせた。去るのが惜しいような複雑な気持ちを谷に残したまま、下りてきた道を再び戻った。ビジターセンターでは、岩絵について書かれた本や子ども向けの絵本、南西部の草花の写真集などを購入して、車のトランクに詰めこんだ。

キャニオンデシェイをあとに南下する。ウィンスロウのズニの家に行って、またお風呂をもらうつもりだ。

運転しながらレイコがつぶやく。

「なんか頭が痛いんだけど」

私も、頭がズキズキしていたところだ。

「私も同じだわ。気が上がってる感じ」

首筋が鉄の棒でも入れたように固くなり、頭蓋骨の中にエネルギーがたまって、はちきれそうな感じなのだ。

思い当たることがあった。キャニオンデシェイは、私たちの寿命からは想像できないほどの悠久の時を地層に重ね、水と風による浸食でその面《おもて》をあらわにしていた。このような場所は磁場が強い。どこかでその磁場の縁《エッジ》に触れたのかもしれないと思った。運転しているレイコが倒れたら一大事だ。私は急いでペットボトルに氷を詰める。レイコの首筋を冷やす。気が上がった時、この方法は効果的なのだ。

「ああ、だいぶ楽になったわ」

レイコの言葉にホッとして、今度は自分の番と、ペットボトルを自分の首筋にあてた。しかし、手当は間に合わなかったらしい。私の方はよくなるどころかますます頭痛はひどくなり、車の椅子に沈みこむようにして倒れてしまった。レイコが慌てて、スピードを落とした。

「ハグさん大丈夫⁉」

アヤもびっくりしている。

「大丈夫じゃないみたい……」

やっと声を出している状態だ。頭の後ろがズキズキして吐き気を覚える。

「ウィンスロウに行く？　それともホピ？」

レイコが不安げに私に聞く。私の頭の中には、エメリーの姿が浮かんだ。

「ホピのエメリーのところ……。彼、メディスンマンだったよね」

●ホピへ帰る

レイコは、猛スピードで運転した。やがて見覚えのある風景になりホピ居留地の中に入った。ホテビラ村への坂をのぼり、エメリーの家に駆け込む。運よく彼は在宅だった。レイコが事の次第を伝えエメリーが私に「ベッドに横になれ」と言う。私の首筋にエメリーは軽く右手の指先をあてた。五分ほどで気が下がっていくのを感じた。

「これで大丈夫。しばらく横になっていたらいい」

エメリーがニコッと笑い、私の首から手を離した。一〇分ほど横になっていたら、私はなんとか起きられるようになった。

エメリーが私たち二人に話してくれた。

「いいかい。遺跡は何もないんじゃない。過去、そこにいた人たちのスピリットにあいさつをしたかい？」

「ああ、そういえば何もしなかったわ。うっかりしてた」

レイコがハッとしてつぶやいた。日本でも、神社や古い遺跡に入る際、御神酒を捧げたり手を洗って清めたり、お祓いをしたりする。それはその場所そのものに対しての畏敬の念を表すことだ。ましてやここは私たちの土地ではなく、インディアンの土地だ。そのことを私たちは忘れ、謙虚な気持ちを失っていたかもしれない。

久しぶりのホピのホテビラ村。メサから南の方を見渡すと、そこは地平線まで半砂漠が広がる。砂漠の方から風が吹いてくる。風の匂いを嗅ぐと、浜辺にいるような気がしてくる。不思議なことに磯の香りなのだ。そう思って砂漠を見直すと、まるで水を張った海が眼前に広がっているようにも見える。

「ああ、ここも太古は海だったんだ」

妙に納得したが、海の香りはどこからやってくるのだろう。砂漠の草や砂たちはその体の中に、太古の海を記憶しているのだろうか。

不思議なことがもう一つある。メサの周囲はもちろん半砂漠の地域で、木らしいものがほとんどない。だけどメサの上には、アプリコットの木がたわわに実をつけている。そしてメサの周囲の畑にはトウモロコシが実る。これは、ホピやナバホの土地の下にある地下水の力らしい。

その日はそのままエメリー宅に泊まり、翌朝、マーチンの畑を手伝うことになった。朝八時に、マーチンと私たち三人でメサの下にある畑に行く。ホピの農法は独特で、古代から伝えられた方法で今もトウモロコシを栽培している。農薬、肥料も使わない。トウモロコシの種を最初は一二粒くらい、穴の中に入れ、播種する間隔を二メートルはとる。日本だったら三〇センチだ。この間隔は、地下水を引きあげて一つひとつのトウモロコシが十

分育つために必要な間隔なのだ。そして穴の深さも日本のスウィートコーンだと三センチくらいだが、ホピコーンは五センチ近くある。もしかしたらもっと深いかもしれない。腰の高さほど育ったら間引きして七本くらいにする。今日の作業は間引きだった。

「今年は雨が少なくて、生育が悪いんだ」

マーチンが、間引いたトウモロコシを片づけながら言った。日本では、八月といったら、トウモロコシの収穫期だ。スウィートコーンとホピコーンの違いはあるだろうけれど、この時期に腰の高さより低いというのは、やはり育ち方が遅い。

太陽は容赦なく照りつけ、皆汗だくになる。アヤは黙々と作業を続ける。レイコも次々と畑の列を片づけていく。体力のない私は、全部取らなきゃ終わらないのよねと自分に言い聞かせながら間引いていく。そろそろくたびれてきたなあ……と思うと、マーチンはこちらの心を見透かしたかのように、

「コッコエ《ありがとう》」

と皆に言う。そう言われたらやめられない。また、間引き作業に精を出すことになる。三時間の間、三度ほどマーチンの「コッコエ」が聞こえ、やっと終わった。

トーマス・バニヤッカと宮田雪

「ホピの予言」を生きた男、トーマス・バニヤッカとの出会い

サードメサとセカンドメサの間に、キコツモビという村がある。そこには、ホピのメッセンジャー、トーマス・バニヤッカの家がある。しかし、残念ながらトーマスは一九九九年二月七日に九〇歳で亡くなってしまった。今はおつれあいのフェミーナが、息子夫婦と住んでいるという。このトーマスと宮田の出会いがなかったら、私たちもここに来ることはなかったのだ。

宮田雪は一九七六年にはじめてアメリカに渡った翌日、トーマス・バニヤッカに会った。その時のことを宮田はこう書いている。

着いた翌日、ひとつの平和行進がわたしを待っていた。それはロス郊外のスタジアムで行われる反核集会の成功を祈るための行進で、ニューヨークで開かれる第一回国連軍縮総会に呼応するものだった。

わたしは日本山（著者註……日本山妙法寺のこと。日蓮宗。開祖は藤井日達上人）のお坊さんたちとロスの街を太鼓を叩きお題目を唱えて歩き、大勢の反核を願う人々の拍手に迎えられ、スタジアムに入っていった。そして、その日、ダニエル・エルスバーグ*ら

と共にスピーカーとして集会に参加するためアリゾナからヒッチハイクでやってきたひとりのインディアンにわたしは出会うことになった。彼がホピのメッセンジャー、トーマス・バニヤッケその人だった。わたしは日達上人と、仏様の導きによりインディアンをサポートするために日本からやってきたことを告げると、トーマスはわたしの顔をじっと見つめ、やがて傍らの古いトランクの中から一枚のカンバスに書かれた絵を出してわたしの前に広げた。

「わたしたちはあなたたちがやってくることを知っていた。あなたたちは特別の役割、使命というものを持った人たちで、太陽（タワ）のシンボルを持つ人々だ。わたしたちは遠い昔から、あなたたちのことを知っていた。遠い昔に、わたしたちの土地からあなたたちは他の土地に別れていったが、ある日、帰ってきてわたしたちを助け一緒になって、この核によって滅びようとする世界を浄化していくだろう、ということがわたしたちの予言に伝えられていたんだ」

＊著者註……アメリカがベトナムでいかに様々な隠蔽工作を行って、真実を歪め介入を正当化し、戦争を拡大してきたか暴露した「ペンタゴン・ペーパーズ」という文書を世に明らかにした平和運動家。国防省の元官僚。

カンバスの隅には太陽のシンボルが書かれてあった。ホピの聖なる谷間に残されている岩絵から写したもので、これがホピに古代から伝わる予言なのだとトーマスはわたしに説明してくれた。だから、我々は遙か昔からあなたたちが帰ってくることを知っていたのだ、と。わたしは、その絵をどこかで見たことがあるような気がした。初めて見るに違いないのだが、記憶のずーっと彼方にある、いのちの源とでもいうべきものとめぐり会ったような気がしてまるで魂を吸いとられたようにその不思議な絵に見入った。

（「未来へ続く道」—ホピの予言に私を導いたもの—「80年代」40号）

宮田は、その後すぐにニューヨークでトーマスに再会し、空港での短時間の藤井日達上人とトーマスの会見後、日達上人の手紙を持ってホピ居留地へ赴くことになる。そこから映画「ホピの予言」を作るという宮田の役目がはじまった。

宮田がトーマスに出会う頃は、日本は高度成長期で七〇年安保やベトナム戦争を背景に、反体制や反権力を掲げた学生運動や市民運動が盛んな時期だった。文化的な活動もアンダーグラウンドといわれる流れが生まれ、自己の変容や存在を賭けて表現しようという過激

なものであった。その流れの中で宮田もまた、精神的な世界に出会っていく。

七二年頃、宮田は売れっ子漫画家、真崎守の原作を数多く手がけていた。真崎は宮田にとって、仕事を超えた関係だったらしい。真崎の仏教への傾倒は、かなり宮田にも影響を与えたようだ。その頃のことを宮田は『真崎守選集13　環妖の系譜』（ブロンズ社）のあとがきでふれている。

「長い間シナリオを書く仕事をしてきた私の旅が、真崎さんとの出会いと仕事を通してインドという世界観、具体的にはインドの、その底流に保ち続ける仏教の世界観に向かって旅をし始めた時期だったと記憶している」

宮田と真崎は、その感受性、情感においてかなり近いものをもっているようだ。劇画「白い伝説（ゆきをんな）」は、二人の質が重なり合って、濃厚な情念をベースに生と死の世界を作り上げている。そんな波長の合う二人の会話は、どんどんひとつの方向へ向かう。真崎が同じ『環妖の系譜』のあとがきで、書いている。

「……しだいに話題はインドの話だけになってしまいました。

あとはもう行くしかないねと云うと、そうですねと宮ちゃんが答え、時間的に行きやすいのは宮ちゃんの方だねと云うと、そうなりますかと宮ちゃんが答え〈中略〉ある日突然やって来て、インドへ行って来ると告げたままとびたってしまいました」

一九七三年、宮田二八歳の夏だった。人間は二八歳くらいになると運命の流れの中で自分の人生を考えはじめるという。宮田にとっても大きな節目の年となった。

映画「ホピの予言」の上映ではじめて出会った時に、インド行きのことを宮田は私にこう語った。

「インドへ行ったら、パスポートとお金を盗まれてしまった。三日食事ができなくてやっと日本山妙法寺にたどり着くことができ、ああこれでやっと飯が食えると思ったら、その日から一週間断食がはじまった」

インドへ旅立って、宮田を待っていたのは日本山妙法寺の藤井日達上人だった。宮田は日達上人を通じて法華経の世界と深く出会う。そして宮田はそれまでの生活を一変させ、七四年から七六年にかけて奥多摩の日本山のお寺に住みこみ、道路を造る奉仕活動に明け暮れるようになった。

当時も今も日本山妙法寺は、旅人の駆けこみ寺のような存在で、宮田のようにパスポートやお金を盗まれてしまった者はもちろん、来る者拒まず去る者追わずで受け入れ、それがきっかけで帰依した者も多い。

藤井日達上人は、日蓮宗を学び昭和一八年に「日本山妙法寺」を開いた。墓をもたないお寺で、出家僧と尼の宗教団体である。インドのガンジーの影響を強く受け、徹底した非暴力主義で世界各地で平和行脚を行っている。日本各地はもとより、世界各地で仏舎利塔建設を進めている。宮田は、出家して僧になろうとする。それをとどめたのは藤井日達上人だった。在家で仕事を通して仏の道を歩けということなのだと宮田は理解した。

日達上人は早くから周囲の人たちに、この世界に平和をうち立てるには、アメリカインディアンの力が欠かせないと法話の中で話されていた。鋭い先見性だ。

「インディアンの使命は、自分が『民族の生きてゆく道を探す』『失った国土を取り返す』そういうことではなく、世界の平和を作るうえの中心の働きをする。それがインディアンという民族の今まで生存してき、今日の時代を救うために信仰生活を続けて平和を求めてきた所似です。インディアンの使命は世界を救う、そこにあります。使命を信じて立つときに、目に見えない神様方が皆我々の味方になる。どんなことでもいい、インディアンを助けなければならない」

宮田はそのような話を聞いた数日後、日達上人に呼ばれ「写真代」と書かれ、お金の入った封筒を渡された。一瞬何の意味かわからない宮田だったが、

「インディアンの使命を広く伝えよ」

という日達上人の言葉に、そのための仕事を与えられたのだと冷静に受けとめられるまで時間がかかった。そして、ロサンゼルスに降り立ちトーマス・バニヤッカに会うことになる。この時、宮田は三一歳になっていた。

トーマス・バニヤッカは何度か来日しているが、一番最初の入国はドラマチックなものだった。トーマスが、一九八八年八月、イーグルの羽の付いたホピネーション発行のパスポートで、日本に入国したその時のことを朝日新聞は第一面で報じた。

「米インディアンの〝国〟名で入国」「核廃絶を訴えるために来日するアメリカインディアングループのうち四人が、米国の正式パスポートでなく、インディアンが独立国として主張している〝国〟名のパスポートでの入国を申請していたが、外務省は三日までに、渡航証明書を発給することでこの入国を認めた。『独立国』パスポートを認めたわけではないが、こうした形での入国は初めて。外務省では『欧州諸国がインディアンに対し同じ形での入国を認めていることと、平和運動のためであることを考慮した異例の措置で、前例としない』と話している」（「朝日新聞」一九八八年八月四日）

ホピ族はアメリカ政府を一度とて認めたことはなく、第二次世界大戦の時に首長だった

マーチンの叔父ユキウマは兵役を拒否し、他のホピの人々とともに獄舎につながれた。トーマス・バニヤッカもメッセンジャーとして活動しはじめた頃、欧州のある国でホピのパスポートが認められず拘置所に入れられた経験があった。アメリカ合衆国のパスポートではなく、というところにこだわるトーマスの入国は、外務省の特別のはからいとのことだったが、その陰で宮田をはじめ多くの人たちが奔走したのはいうまでもない。

八月六日、ヒロシマ市内で「大地といのちのためのランニング」歓迎会が行われた。そこには、トーマス・バニヤッカをはじめ、一九七三年、ウーンデッドニー*の教会を占拠して、FBIや陸空軍と銃撃戦を繰り広げたAIM（アメリカインディアンムーブメント）のリーダーのデニス・バンクスや、インディアン・ミュージシャンのフロイド・ウェスターマン（映画「ダンス・ウィズ・ウルブス」のラコタの長老役で記憶に新しい）やロビー・ロメロなど、総勢二七名のインディアンがそろい、ランニングのオープニングを祝った。

*一八九〇年サウスダコタのウーンデッドニーに集まっていたダコタ族を、五〇〇人の第七騎兵隊が襲撃し、三〇〇人のダコタ族が虐殺された事件にちなむ。この事件は三世紀にも渡って行われたインディアン戦争の終わりを象徴する。コロンブスがやって来たころに一〇〇万人いた北米インディアンは、当時、二五万人に減っていた。

翌八月七日の朝、ヒロシマの日本山妙法寺の仏舎利塔で、トーマスは聖なるトウモロコシの粉をまいてお祈りをした。ヒロシマから北海道・幌延までのランニングのオープニングのセレモニーだ。ホピ語の祈りの言葉は、意味がわからなかったが、懐かしい響きだった。そして皆で平和祈念公園まで歩き、ランニングはスタートした。私はあの朝の明るさを、いつでも思いだすことができる。私にとってもトーマスとの出会いは、私の人生の時間にしっかり刻まれているのだ。

●●●トーマスのつれあいフェミーナ

私たちは、トーマスのおつれあいのフェミーナに会いに行くことにした。砂漠の中の小さな国ホピネーションといえど、近代化の波は押し寄せてくる。その中で、ホピの言い伝えを信じ、ホピのメッセンジャーとしての役割を果たそうと行動していた男は、因習にとらわれている頑固爺どころでなく、周囲の人々からは、狂人扱いされただろうと想像する。そしてトーマスの家を時おり訪れる外国人や白人のお客を、周囲の人々は羨望の入り混じった屈折した思いで見ていただろう。以前宮田に聞いた話では、トーマスの家に行く時はいつも周囲の目を気にして隠れるようにしていたという。

キコツモビのフェミーナの家に行くと、隣の家から息子のトーマス・ジュニアとおつれあいのトリサが出てきた。彼らによるとあいにくフェミーナは不在で、明日帰ってくるという。トリサは、自分の理念をしっかりもった気丈夫でおおらかな南アフリカ生まれの白人女性で、ジュニアの支えになっている。トリサはインディアンジュエリーを作ったり、トーマスのメッセージを載せたホームページをたちあげたり、しっかりホピで生きている。父親がドイツ人で母親がフランス人。彼女は何人なのだろう？などと、私の俗っぽい疑問など吹き飛ばすくらいの気迫をもった女性だ。

彼女は私たちのために、フェミーナの家の中に寝る場所を確保してくれた。フェミーナの家は平屋でダイニングルームの傍らにソファの置いてある居間がつき、その他に三部屋ある。他の家に比較して、大きくて整った家のように思われたが、私たちが寝ることになった部屋は物置然として、子どもたちが小さい時に使った乳母車やおもちゃ、帽子掛け、椅子や書類などが積み重なっていて足の踏み場もないような有様で、通された時は驚いた。はがれかけた壁紙の模様は、センスのよさを感じさせたが、やはりこの部屋は今は物置として使っているのだろう。とりあえずトリサが古いベッドの骨だけになったものにマットを敷いてくれたが、寝ると身体が沈みこんで埋もれてしまう代物。しかしここの床に寝ろといわれるよりありがたい。私の「ベッド」に決めた場所の壁には、トーマスが参加したロンドンでの「世界宗教者会議」の写真が掲げられていた。その写真の真下には、トーマスあての手紙が無造作に積まれていた。これらはフェミーナにとって、トーマスと生活した時間を思いだす品々なのかもしれない。

あの、親しげな目をした老インディアンはどこへ行ったのだろう。亡くなったことを知っていても、家のあらゆる場所に、トーマスがいるような気がする。私は失礼なのは承知の上で、最もトーマスを感じる部屋のドアをそっと開け、彼の姿を探した。どこにもその姿はなかった。部屋の壁に、見覚えのあるネックレスがかけてあった。透き通った空色の石。トーマスが首にかけていたものだった。彼が旅行に行く時、いつも携えていた古びた黒いトランクも、部屋の隅に置いてあった。あとでフェミーナに聞くと、ネックレスがかけてあった部屋は、トーマスの部屋で、今は自分が寝ているとのことだった。

フェミーナが帰ってきた。レイコの姿を見るとフェミーナの瞳には懐かしさがあふれ、二人は抱きあった。レイコがアヤを紹介する。

「アヤよ。以前ここに来たときは私の膝くらいだったけど」

「大きくなったわねえ」

フェミーナの目が細くなる。フェミーナはアヤを抱きしめた。

フェミーナは、繊細で物静かな雰囲気の中に気丈なものを感じさせる小柄な女性だ。壁に掲げてある家族の写真、クッションの置き方、調度品のセンスなどを見ても女性的な優しい感覚で、きれい好きで整理整頓の上手な人柄を感じる。トーマスの部屋で彼の物に囲まれて眠るフェミーナは、トーマスを失った悲しみを抱えていて、彼との生活を思いださせるものを捨て去る気持ちになれないのかもしれない。

トーマスが生きていた時は、世界中から客が来て、フェミーナはその世話で大変だったと思う。家計のやりくりや、普段留守がちの夫に代わって、日常的なすべてのことをこの女性はやりとげたのだろう。表面の柔らかな雰囲気からは想像できないが、話し方や表情から内面に冷静でしっかりした価値観と信念が通っているのを感じる。

ホピでは死者の話をしてはいけないといわれる。しかし、私たちがトーマスのことを気にしているのを知っている彼女は、彼について話してくれた。トーマスは脊髄のガンだったという。「発見が遅れて手術もできず病気がわかってから八カ月で亡くなったの。ガンとわかった後も自分の身の周りのことは自分でやり、痛むこともなかったみたい。新聞を見たりテレビを見たりして過ごしていた。少しずつ食が細くなったわ。喧嘩をすることもなく平安な日々でした」そして最期は救急車の中で息をひきとったという。「彼は、別の世界に行っただけで私たちを置いて行ったわけではないの。雲のような存在になって生命を巡っている。彼は、私たちを強くしてくれたわ」

決して裕福な暮らしをしているわけではなく、トーマス・ジュニアも身体を壊し、働けない状況にいる。そのことを、トーマスの死後、トーマスが行ってきたメッセンジャーとしての仕事とからめて、よく言わない人たちもいるらしい。伝統派といいながら、フェミーナはクリスチャンではないかとか、「ホピの予言」そのものがでっちあげだとか、言わせておけば切りがないらしい。しかし、これから起こることについて、真実を知るものがいるのだろうか。言葉をどう解釈するかだけの話だ。だからダン・エヴェヘマの「ホピの予言」、ダン・カチョンバの「ホピの予言」、白人のフランク・ウォーターズの「ホピの予言」、と数多くの「ホピの予言」が存在する。トーマスの「ホピの予言」もしかりだ。

しかし何よりも、平和を願いホピとして自分の信念を貫いたトーマスがいたという事実は、周囲の心ない人々の言葉より重い。トーマスの言葉は、国連の正式文書の中に、名前と共に残っているし（資料2）、他の部族のメディスンマンといわれる人たちは、トーマスの名前を、尊敬を込めたニュアンスで口にする。この時代、トーマス・バニヤッカという存在はいるべくしていたのであって、宮田との出会いも、後の世で判断される出来事なのだと私には思える。いまだ「ホピの予言」の世界は進行しているのだから。

フェミーナは、夫の果たした仕事と、それを支えた自分の人生に誇りをもっている。彼女の話を聞いて、私もレイコも思わず涙してしまった。

フェミーナは、胸に小さなペンダントをしていた。

「これはね、トーマスにフラッグスタッフのスリフトショップ（リサイクル品を売る店）で買ってもらったのよ。」

亡きトーマスの部屋で寝ていたり、トーマスとの思い出の品を身につけていたり、フェミーナのけなげな性格に私はまた涙が出そうになった。レイコは自分のバッグから小さな包みを取り出した。

「フェミーナ、これフェミーナにプレゼント」

フェミーナが包みを開くと、青いトルコ石をちりばめた丸いブローチが入っていた。ナバホのエルシィ・シェイから買ったものだった。

「これを私に？」

「つけてあげるわ」

レイコはフェミーナの服につけた。トルコ石の装身具はインディアンといえど高価なものだ。ちょっと誇らしい表情になったフェミーナを見て、私もうれしくなった。

ホピの憂い・
ホピの希望

●ホピのイベント

「明日、聖《サント》ドミンゴプエブロのランニングが着いて、お祝いにシビックセンターでコンサートやバザーがあるんだ。私は行かないけどね」

マーチンが、なにげなく話してくれた。シビックセンターはキコツモビ村に新しく建てられた施設で、さまざまな催しに利用されているらしい。伝統的なダンス以外、あまりイベントのようなものがないホピでは、このような行事も楽しみの一つらしい。

聖ドミンゴは一一世紀スペインの修道士で、道路や橋などの土木建築に秀でていた人で、没後聖人にまつられた人だ。ニューメキシコ州には、このようにキリスト教やスペイン語の名称の地名が多く残る。征服者の歴史が刻まれているのだ。

ホピの物語の中に、他の人種の出現が予言されていた。

そして、いつか他の人種がみんなのまん中に現われて、わしらの土地を自分のものだと要求する日が来るだろうという予言を語り継《つ》ぎつつ、恐れのうちにその日を待った。

彼らはわしらの生活パターンを変えようとする。彼は「甘い舌」、あるいは先の分かれている「フォークのような舌」をしているはずだ。そればかりか、わしらをそそのかすに違いない良いものもたくさん持っているだろう。彼らはわしらをワナに落とし入れて、無理やりに武器を取らせるように仕向《しむ》けるかもしれない。

（「生命の始まりから浄化の日まで・ホピ物語」）

アステカを征服したスペイン人は、ホピの国に一五四〇年到達した。彼らは教会建設にホピの人々を使い、改宗させるためのキャンペーンも張ったがほとんど改宗する者はいなかった。スペイン人は軍事力を使って支配下に入れようとし、ホピ族の一人が生きたまま焼かれたとか、手を切り落とされたという事件が起こり、穏和なホピも黙っていられなくなった。結局この時は、メサの断崖からスペイン人司祭達を突き落とし落着した。一七〇〇年にはローマから司祭がやって来たが、伝統派ホピ族は改宗者を焼き殺したため、司祭たちは自分たちに危害が及ぶのを恐れ、荷物をまとめて逃げだしてしまった。平和の民ホピの歴史の中でただ一つの汚点であるが、グレイトスピリット・マサウとの約束を守るには、ほかに方法がなかったのだ。建てられた教会は、ある日落雷で火事になり焼失してしまった。

シビックセンターの駐車場には、ランニングと一緒にタオスから来た車が止められ、その中で古い土器や遺跡に残る織物などの展示が行われていた。シビックセンターの体育館では、キコツモビ村など周辺の住民によるバザーが行われていた。体育館の壁際に机が並べられ、各ブースにはユッカで作ったバスケットや、ビーズ細工、きっちり織ったホピのベルトやキーホルダー（ホピでは機織りは男性の仕事だ）Tシャツなどが置かれていた。ビーズ細工はイヤリングやネックレスが一般的だが、ヘアピンを付けて日本の簪《かんざし》のように垂らしたデザインの髪飾りが、とてもよくアヤに似合った。

一つひとつのブースを見てまわったら、年の頃は一八、九歳ぐらいだろうか女性的な顔立ちの青年が座っていた。彼のテーブルの上には、刺繍をしたクロスや彼が描いたと思わ

れる精霊のイラストレーションが数枚置かれていた。彼の名前はヌヴァと言った。

「僕、時々女性に間違えられるんです」

はにかみながら話すヌヴァはとても初々しい。レイコは彼の絵に興味を持ち、スケッチブックを見せてもらった。その中でトウモロコシの精霊《カチーナ》を描いたイラストレーションをレイコは買うことにした。一番構図がよく、本人も気に入っているらしい。

「今お金の持ち合わせがないので、ちょっと待っててね。持ってくるから」

レイコがヌヴァにそう伝えてブースを離れたら、ヌヴァは傍らにいた女性に、

「僕の絵が売れたんだよ」

と、嬉しそうに話していた。前日、ホピ居留地の中にある宿泊施設でもある「カルチャーセンター」の中でカチーナの人形や絵を見たが、それに劣らない力のあるイラストレーションだった。ナバホと同じようにホピの中でも、若者たちはホピ語を話さず伝統的な文化をどんどん失っている。それでもヌヴァのように何らかの形で受け継ぎ、表現していく若者がいることは、またそこから芽が出てくる可能性がある。一〇年後、二〇年後のヌヴァはどうなっているだろうか。

午後からは同じ会場で、コンサートが行われた。ロックやレゲエである。都会ならコン

サート会場は若者が集まり総立ちになって、皆ノリノリになるのだろうがここはホピである。観客は爺さん婆さんが多く、皆礼儀正しくおとなしい。背をしゃんと伸ばしてまじめな顔でロックを聴いているというのが、不思議な光景だった。

いつのまにかアヤは人気者になっていた。ホピでは有名らしいレゲエのグループのリーダーからサインをもらったらしいし、アヤの存在を知った人たちから、「アーヤ」と声がかかる。日本から来た女の子というばかりではなく、「アヤ」と言う名前がホピのセレモニーで使うヒョウタンのガラガラ「アーヤ」と重なり親しみが増したのだろう。アヤはよい名前をつけてもらった。

●●●失われていく聖なる大地・枯れていく泉

「エメリー、今日はブラックメサの鉱山に行ってくるわ」

レイコの言葉に、

「石炭拾いに行ってくるのか」

と、エメリーのジョークが飛ぶ。

レイコと私は、ピーボディ・コール社の石炭の採掘現場に行ってみることにした。アヤは、フェミーナの孫シャイアンと遊ぶことになったのでキコツモビ村に残る。

「シャイアンのお母さんが、今日誕生会をしてくれるって」

アヤが嬉しそうにレイコに報告する。アヤの誕生日は八月二〇日なので、まだ一週間ある。しかし、シャイアンとアヤは同じ年齢で幼なじみ、一緒にお祝いしましょうと言ってくれたのだ。

「三時からはじめるから、それまでには帰ってきてね」

一瞬嫌な予感が。三時までに帰れるか……?

ホテビラ村から車で一時間半。道路沿いにはナバホの人たちの家がところどころ建つ。そして道路を挟んでその真向かいには、ウラン鉱を掘り出して精製したあとの鉱滓が山積みになっている。その場所はスピードをあげて急ぎで通り過ぎる。鉱滓といっても放射能が残っているのだ。しかし、ナバホの人が住む場所でもある。彼らは日常的に鉱滓が吹き飛ばされてくる中で暮らしている。

鉱山から西の方角に向けてパイプラインが通る。その真下に立つと、ゴゴゴッ……と何かがパイプを擦る鈍い音がして、パイプも橋桁も振動している。

「この鉱山で掘り出された石炭は、地下水の力で火力発電所に送られているの」

レイコがパイプラインの写真を撮りながら説明してくれた。のべ四五三キロのパイプラインで送られた石炭は、ロサンゼルスやラスベガスで使用する電気として供給される。地下水は、あのエルシィさんの家族やメイ・ソウさんの家族が大切に使っているナバホ帯水層の水だ。毎分一万二二〇リットルの水を吸いあげ続けている。自然保護団体シェラクラブの調査によれば、このまま使い続ければ、あと一〇年で枯渇するといわれる。ホピの集落でも泉の水位は下がり続け、今やホピとナバホにとって最も深刻な問題となっている。

そして、それは飲料水という問題にとどまっていない。地下に水があることによって、磁石のように雨雲を呼び雨を降らせたり、雲の中の雨も磁石のように作用して穀物の根の方に地下水を引きあげる。そして雷の発生による大地と空のエネルギー交換は、地力とも関係するという。

鉱山は露天掘りで、東京都がすっぽりと入るほどの広さだ。二一〇億トンといわれる石炭の埋蔵量は世界最大だ。ダイナマイトで爆破した土地が大きな傷口を開けている。そこをタイヤだけでも直径五、六メートルはあろうかと思われる採掘機械が、石炭の層をえぐっていく。採掘口の周囲には土砂が山と積みあげられて、命の気配も感じられない別世界だ。これまで九億トン以上の石炭が採掘された。インディアンによると石炭もまた「ウランが動かないように守っている」という。原子炉の中の制御棒も炭素でできているが、同じような役割をしているのだろうか。

鉱山のあるブラックメサは、ホピやナバホの人々にとって、祖先の霊のおられる地でもあり、女性の山と呼ばれ、生命の創造を司る精霊の宿る聖地とされてきた。この場所が破壊されると、地球の自然のバランスを崩すとホピの長老たちは警告し続けてきた。しかしその警告は無視され、今もなおこの地域では、石炭が掘られ地下水によって運ばれているのだ。

現在、ホピやナバホの有志が「ブラックメサ・トラスト」という組織を作り、この問題に活発に取り組んでいる。しかし、問題の中心は、地下水の汲みあげの中止であり、鉱山の採掘を中止する訴えまでにはなかなか至らない。なぜなら、ホピやナバホの部族政府にとって、石炭採掘から得られる収入が大きな財源になっているからだ。

長老の警告は、迷信にとりつかれたホピの年寄りの戯れ言としか、白人の耳には聞こえなかっただろうが、近年、地球規模の異常気象は並ではない。猛暑、厳寒、集中豪雨、洪水と、以前は穏やかだった気候が極端になっている。この激しさはどこから来るのだろう。

●●●生きている地球

ＮＡＳＡの化学者、Ｊ・ラブロックの著書『ガイア仮説』（工作舎）によると、地球は、地表温度や大気中の酸素濃度、海水中の塩分濃度など細かく修正しながら自分のバランスを維持しているという。これは地球そのものを一つの生命体として見直す示唆に富んだ本だった。インディアンの人達が、地球は私たちのお母さんだと言ってることが、決して象徴的な話ではなく、文字通り「生きてる」私たちの母なのだと私には思えた。

針治療を受けた経験のある人には、理解しやすいのではと思うが、人間の身体のエネルギーは、ある方向に沿って流れている。それを経絡というのだが、それが乱されたりアンバランスになってしまうと、人は病気になる。このエネルギーは微細な電気的なエネルギーだ。命あるものはすべてこのエネルギーをもっている。

地球もまた、大気の流れや水の流れ、月の磁気の流れ、太陽磁気の流れ、そして地球自体の電磁気の流れなどが、巡り巡ってバランスを保ってきた。しかし、地球内部からウラン、石油、石炭、天然ガス、水など地下資源を掘り出したらどうなるのだろう。内臓がなくなるのと同じなのだとインディアンの人々はいう。

宮田の話によると、ホピ居留地のあるコロラド高原は地球のツボのようなところで、そこからエネルギーを放出したり、取り入れたりしているそうだ。地球の裏側にあたるチベット高原とともに、地球にとってとても大切な場所なのだそうだ。

「南極と北極があるでしょう。コロラド高原とチベット高原は東極と西極で、地球の自転に関係するんですよ」

私はその発想に面食らったが、谷間の磁場の強さを体験して、宮田の話を今さらながら思いだした。そして、蓄電できる土地というのは、炭素や硫黄の多い低温の土地だ。コロラド高原もチベット高原もその条件がそろっているのかもしれない。

太古、ガスの固まりだった地球が、少しずつ形を成して今の姿になった時、完全にバランスがとれた状態であっただろう。しかし、人間があちこちから地下資源を掘りだしたら、自転をしている地球は、バランスを崩し、ぶれながら回転している状態なのではと想像する。それに加えて一九四五年に最初の核爆弾がニューメキシコで爆発して以来、二〇〇〇回を超える核実験が地球のどこかで行われてきた。地下核実験は、そのうち一五〇〇回を超える。これが地球の内部に影響を与えてはいないだろうか。

キュリー点という言葉を、耳にしたことはないだろうか。磁性のある物質の温度を上げていくと、ある温度で磁性が失われてしまう。その温度をキュリー点、キュリー温度というのだが、核実験や地球内部の活動の激化で、それまで磁場だったところが磁性を失うということもあり得ると思った。

そのことは、どのような事態をひき起こすのだろうか？　人が病気になった時に、熱を出して自分の身体の奥深くにとどまったものを外に出すのと同じように、地球もまた自分の身体を維持するために地震や洪水などで自己浄化をしはじめているのだろうか。土埃の舞う鉱山の採掘現場の壮大さを目の当たりにして、そのような疑問が次々と私の頭をよぎった。

ピーボディ鉱山会社の石炭採掘現場は広すぎて、私たちは迷子になってしまった。予想を裏切らず（？）アヤの誕生会には遅刻してしまった。アヤは、またここでトランペットを吹いた。他の子どもたちにとっても、楽しい時間だったようだ。

●●●予言の岩絵

セカンドメサの近くの岩山に、プロフェッシーロック（予言の岩絵）がある。ホピの祖先が、グレイトスピリット・マサウから与えられた予言を忘れないようと、岩に刻んだ場所だ。ホピ居留地に来たからにはその場所にも行かねばと、三人で出かけた。

レイコが宮田とはじめて訪れた時、プロフェッシーロックの周囲はゴミの山で、驚いたという。今は「ここは廃棄場所ではない」という立て札も据えられ、きれいになっているが。現在のホピにおいて「予言」やグレイトスピリットの教えが、もはや力をもたず、そこから離れてしまったことを象徴するような話だ。

実物を見て、確認しておきたいことがあった。トーマスがキャンバス地に描いた岩絵と、実際の岩絵が微妙に違うような気がしてた。岩絵を見ると絵の中で上の道にいる三人の人間は体の部分が二本の縦線で表されている。下の道にいる人間は一本だ。トーマスの持っていた絵はすべて一本の線だった。岩絵から描き写す際、それに重きを置かなかったのか、あるいは故意だったかはわからない。

「生命の始まりから浄化の日まで・ホピ物語」の中でこのような文章がある。

グレイトスピリットは、わしらの身体《からだ》をふたつの決定的な特質を持つようにつくりかえられた。

「善」と「悪」がそのふたつだった。

岩絵の写し・ホピと人類の歩む道筋を表している。

十字の印は、ホピの地にやがてキリスト教徒、白人が来ることを示している。十字の右の二つの円は、第一次、第二次世界大戦を示す。更に、右の円は三つ目の世界大戦を預言している。上の道が調和とバランスを欠いた物質文明の道で、混乱を表すジグザグの道に続き、このまま行くと地球は破壊されてしまう。ホピと人類が自然の法と調和を保つ下の道を進めば、平和的な世界になる。今、上の物質的な道から精神的な下の道へ降りてくる分岐点に立っていることをトーマスは伝えた。現在三つ目の円、世界を揺るがす最後の浄化をいかにくぐり抜けるかというところに来ていると、ホピの人たちは考えている。

岩絵には一つのハートを持った人と、二つのハートを持った人が描かれている。一つのハートを持った人たちは、グレイト・スピリットの道を行く人たち。その人たちが下の道に降りて、三つの円をくぐり抜けて、新しい地球、新しい世界の幕を開けていく。二つのハートを持った人は物質的なものを神とする人たち。その人たちは破壊の側に行く。

身体の左半分はその中にハートがあるので善であり、右の半分はハートがないので悪とされた。

身体の左側は、無器用ではあるが賢くて、右側は頭が良くてかつ強いけれど、しかし知恵に欠けるところがあった。

体の右半分と左半分の間の戦いはいつまでも終わることなく、わしらは自らの行動によって、善が強いか、はたまた悪のほうが強いのかを、自分で決定せざるをえなくなった。

マーチン・ゲスリスウマ氏によると岩絵に描かれている人の二本の線は、二つのハートを表しそれらが分裂していることを意味している。下の道にいる質素でスピリチュアルな生活を表している者は、二つのハートが統合して一体になっている。

二つのハートとは、右脳左脳の働きの違いだと思った。右は直感や感情や感覚などをつかさどり、左は計算や論理的な思考など分析的な分野をつかさどる。どうも私たちの文化は左脳にかたよって発展してきたように思う。多くの知識を詰め込み、それを早く的確に使いこなすことをよしとしてきた。情動的なものより理知的なものが優れていることがよいとも思われてきた。

しかし、人間が「何かをしたい」「何かをしよう」と最初思う時は、深い情動に突き動かされて行動するのだ。その「情動」の部分が、いかに豊かに育っているかが自分の行動に反映するのだ。自分の感情と向きあい、それを抑圧するのではなく表現することが、よりその自分の感情部分を育てるのに力になるように思われる。しかし、それは他者を傷つける形であってはならない。その部分がそれぞれの成長度でもある。

私自身は、絵を描いたり文を書いたりしながら自分の感情と折りあいをつけてきたので、それが自分にとっての表現の方向なんだろうと感じている。皆それぞれ、自分に合った表現方法を見つけ、「その人を生きる」「それぞれの自己を生きる」こと、それがこの世界に生まれてきた目的なんだと、岩絵の傍らに立ちながらしみじみ思った。

そしてまた、改めてここで「予言」とはなんだろう……と考える。「未来の物事を推測して言うこと。また、その言葉」と辞典には書いてある。「預言」という言葉もある。「神」から託された言葉。ホピの人達が敬うグレイトスピリット・マサウが、私たちが

「神」と呼ぶものと同じ存在なのかどうかはわからない。しかし、私たちの世界を作り、生命力を与え、この世界を動かしている見えない力の一部だとして、その力が私たちにあらかじめ言葉を託してくれる意図を考える。けっして私たちの不幸を願っているのではなく、よりよき方向に行くように託してくれた言葉が「予言」であり「預言」なのではないだろうか。

アメリカインディアンの他の部族にも、多くの言い伝えが残っている。その中で私が一番好きなものは、ラコタのメディスンマンだったブラックエルクが残したものだ。彼の未来のビジョンは、一本の大きな木の周囲で、肌の色や言葉の違う人々が手をつなぎ踊っているビジョンだ。それは、私自身の夢でもある。

アヤは、岩山の上に上ったり、岩絵の周囲で天真爛漫な笑顔で遊びまわっている。未来はこんな子どもたちの手で創られるのだとも思い、私の胸にぽっと明かりがともった。

●●●ホピを去る日

八月一四日の朝、ホピ居留地のカルチャーセンターのパーキングで、レイコとアヤと私は、セージを焚いてこれまでの旅に感謝し、そしてこれからの旅の無事を願って四つの方向にお祈りをした。太陽の光が煙りを白く輝かす。今日がホピ滞在最後の日と思うと、神妙な気持ちだ。私たちはこれからウィンスロウのズニの家に向かう。もうホピには戻らない。一七日のお昼過ぎの便で、私たちはフェニックスからサンフランシスコへ行かねばならない。

マーチンは、自分で織ったベルトのついたキーホルダーを三人にくれた。私のは黒い縁に深緑色と赤の色が入ったものだった。エメリーは、アヤの首にトルコ石のたくさんついたネックレスをかけてくれた。そしてレイコと私にもユッカの葉で作ったホピの小さなバスケットを。レイコやアヤはまたホピ居留地に来ることがあるかもしれないが、私はこれから機会が与えられるかどうかわからない。宮田との縁がなければ、マーチンやエメリーそしてそれぞれの家族と交流することができるなんて、想像もしていなかった。これまでの日々を思うと胸がいっぱいになり多くの言葉が出ない。

セカンドメサからウィンスロウに伸びるR八七を南下する。ラジオではホピ放送局が、音楽を交えながら英語混じりのホピ語で話している。この一カ月の旅で出会った人々、そしてなぜか懐かしいアリゾナという地。故郷をあとにするような気分だった。これまで出会った人々が愛おしい。ずっと抑えてきたものが堰を切ったように私の内から溢れでた。

涙が止まらなかった。レイコが運転しながら私の肩をたたく。

レイコはハンドルを握りながら、自分の深い部分に言い聞かせるように、話してくれた。

「私にはね、雪さんと一緒にはじまった旅が、今回で終わったんだなって、さまざまな場面でとても感じられた旅だった」

言葉と言葉の間に、寂しさと自覚が入り交じったような感情が感じられた。いつも宮田の傍らにいて、彼のサポートをしていたレイコ。しかし、この旅はレイコ自身の旅だった。レイコには、これから一人でこの道を歩いて行きなさいという意味にもとれた。

ちょっと心が落ち着いてから空を見た。先ほどまで太陽が出ていたのに雨雲が空を覆っている。

「雨が少なかったから、ひと雨降るとホピの人たちが喜ぶわね」

そんなことを言いながらずっと空を見ていたら、雨雲が何かの形を作っていく。

「レイコちゃん、見て！」

私のびっくりした声に、思わずレイコも空を見あげた。

車を道路の端に止め三人で外に出た。雨雲がホピ居留地の方角からウィンスロウに向かって、細長くドンドン伸びてくる。巨大な龍だ。腹部の鱗模様まではっきりと見える。黒くシルエットになったホピの台地《メサ》を包むように、濃い灰色の雲がホピ居留地の空にある。ホピでは雨が降っているのだ。私たち三人は、遠く雨に煙る台地をしばし無言で見つめた。

「あ・り・が・と・うー!」

思わず私の口から言葉が出た。

「あ・り・が・と・うー!」

レイコの声が響いた。これ以上大声は出せないという位に。

「あ・り・が・と・うー!」

アヤも、ホピの方向に向かってお礼の言葉を叫ぶ。なにせ周囲には私たち以外誰もいない。気兼ねしないで気のすむまで叫べる。何度も何度も「ありがとう」の言葉が響いた。

再び車に乗り、ウィンスロウに向かう。空からは龍の雲が見守ってくれている。ラジオから流れるホピ放送局の声が、とぎれとぎれになる。電波が届く圏内から離れているのだ。やがてまったく聞こえなくなった。少し寂しい気持ちになっていたら、アヤがCDをかけようと言ってくれた。車内には賑やかなホピのレゲエが流れた。

内なるホピを生きる

●●●時代の狭間で

帰国して三週間ほどたった九月一一日の朝、時計代わりのテレビをつけた途端、信じられない光景が目に飛び込んできた。ニューヨークの世界貿易センタービルに旅客機が突っ込み、二つの建物があっという間に崩壊した。

「映画の場面？」

あまりの衝撃がかえって現実味を感じさせなかった。しかし現実だった。その日から世界は変わり、もう戻れなかった。「ある一線を越えた」と感じた。連日あの場面を繰り返し繰り返し放映するテレビ。「報復！」と叫ぶブッシュ大統領。私は耐えられなくなって、テレビの電源を切った。いったい何が起こったのだろう。レイコと電話で話す。レイコも力が抜けたようになっているのが、声の調子から感じられた。

「私たちはまさにホピの予言がいう浄化の日の真っ直中にいる」

「一つの大きなサイクルが終わり新しい輪の中に入った」

というのが、私たち二人の共通認識だった。

映画「ホピの予言」のスーパーバイザーとして「生命の始まりから浄化の日まで・ホピ物語」、映画のラストに流れる「ホピ　平和宣言（資料3）」の翻訳を手がけ、宮田と非営利団体

「ランド・アンド・ライフ」を立ちあげた北山耕平氏にアメリカインディアンとの出会いと今という時代についてお話を聞いた。北山氏は、書籍編集者、翻訳家、作家として活躍する傍ら、ストーリーテーリングを活用したワークショップや本の翻訳を通して、ネイティブ・ピープルの精神性を次の世代に伝える仕事をしている。

「吉福伸逸さんが主宰していたC＋Fコミュニケーションズというワークショップが当時は新大久保という不思議な場所にあって、アメリカで起こりはじめていたいろいろな運動などを調べたり勉強したりする会で、そこで何度か宮田さんに会ったことがあるというくらいだった。宮田さんはその頃すでに、シナリオライターとしてかなり実績があった。

僕は『宝島』というシティボーイのための雑誌を作っていた。そういう雑誌を作るというのがおもしかった時期でもあったけど、七六年に、ほとんど逃げるみたいに日本から出ていった先がロサンゼルスだった。アメリカを放浪している間にたまたまローリング・サンダーという人物に出会って、アメリカのインディアンのことを学ばされた。

ぼくがアメリカのネイティブの世界と深く関係を持ったのは七六年から八二年頃までで、ちょうどアルカトラツ島の占拠事件（著者註……一九六九年、インディアンの若者たちが、元監獄であるサンフランシスコのアルカトラツ島を占拠し、インディアンの権利回復を訴えた）の影響が尾を引いていた頃、七八年にそれまで一〇〇年以上禁止されていたアメリカインディアンの宗教的な儀式などがようやく解禁されて、アメリカインディアンの権利回復運動が勢いを増した期間にたまたまアメリカにいたわけだし、ネイティブの人たちがいっせいに声をあげた時期と重なっていたわけだから、そのことを日本の次の世代に伝えなければ……と思ったことがたくさんあり、時々吉福さんに相談に行ったりしていたんですよ。

あれはぼくが熱海に住んでいたころ、映画『ホピの予言』ができる一年半ほど前、宮田さんの方から電話してきた。『ホピ物語』の翻訳をしてほしいということだった。僕は、ローリング・サンダーについての本を出した頃だったし、宮田さんもそれを読まれたんだと思う。ネイティブアメリカンの人たちのことを日本の若い世代に伝えるという仕事だったら、とりあえずなんであれ引き受けるつもりでいたし、それを義務のように考えてもいた。その時にはもう、フィルムは撮り終えていて編集段階だった」

彼にとって映画「ホピの予言」はどのような意味があったのだろう。そして「今」という時を、彼はどのように感じているのだろう。

「トーマスなんかが元気で活躍していた時が、おそらく伝統派の最も勢いがあった時期、伝統が途切れるのではないかという切羽詰まったものがあったから、ああした言葉が出てきたのであって、そうでなければあんな言葉は出てこないさ。あれは最後の悲鳴みたいなものであって、自分たちが、伝統派が終わるということをすべてのアメリカインディアンや世界に訴える……彼はどんな機会であれ、それを訴えようとした。ひとつの輪が終わる最後のところを宮田さんが運命的に撮影したという意味では、映画『ホピの予言』は貴重なフィルムだと思う。

それは同時に次のサイクルのはじまりでもあったし、ひとつのサイクルが終わる寸前というのは、終わりとはじまりが一緒にある極めて珍しい地点、部族のなかの伝統派という輪と、二〇〇〇年に一度くらいで巡ってくるさらに大きな別のなにかの輪の終わりとはじまりが、あのときは重なっていたわけで、そのたいへん珍しい現場に、あの映画やわれわれがいあわせた。だからはじまりも終わりも見える。そこにいることができたということは極めてラッキーだったけど、それだけ背負わされたものや責任も大きいのだと思う。

自分たちが終わるということは、地球のバランスが狂うことだとトーマスはあの時ずっと言い続けたわけ。トーマスだけでなく、同じ頃に活躍していた他の部族のグランドファーザーと呼ばれる多くの長老やメディスンマンやメディスンウーマンもみな同じことを言っていた。しかしそのリアリティがなかなか伝わらなかった。伝統派が終わるということは、ある意味でいうと、本格的な浄化の時ということ。完全なる浄化の時に入るという意味で」

「僕はもうアメリカインデイアンのみにこだわる必要もないと思ってる。地球の少数民族、先住民文化がもっている世界観みたいなものと、彼らの存在そのものをいかにして残すかということを、同じ地球をわけあって生きているすべての人たちが真剣に考えないといけないのではないかと。

地球総体としてそうした生き方を残していく作業をみんながはじめないと、アメリカの中だけの問題ではなく、地球を地球たらしめてきた先住民文化というものが、完璧になくなってしまうと、それこそ本当に地球の終わりがくるのかもしれない。バランスを保った世界に帰る足がかりをわれわれはすべて失ってしまうことになる。この問題は世界中の関心ある人たちにとって本質的に重大事なんだと思う。そんなに簡単につないでいけるものではないだろうし。それにこれは一度失われたら二度とは戻ってこないものなんだから」

大きな時間の流れと地球規模で物事を見ると、北山耕平の言うようにそのような時に私たちはいるのだろう。「先住民」と呼ばれる人々を地球から消してはいけない、という思いに共感する。そして私たち自身はどうしたらよいのだろう?

「『日本人』が本当にホピの人たちが言ったように遠い兄弟であるならばね、われわれは地球の先住民と呼ばれる人たちから、いろいろなレベルですごく遠くまで来てしまっているわけ。もし本当にわれわれがかつてインディアンであったのならば、土地にたいする考え方一つをとっても、インディアンの風上にも置けないようなところまで来ちゃったわけだよね。もう一度戻る方法が残されているのかってこともわからないし。

たぶんこれはホピだけではなく、それぞれの国が抱えている問題であると思うのだけど、あらゆる国が崩壊しようとしているわけね。崩壊する前にやらなきゃいけないことがいっぱいある。このままゴミだめの中で死んでいくのではなくて、われわれはゴミのなくなった日本列島を想像（創造）できるのかという問題や、われわれが今いるこの場所のスピリットを大切にしているのだろうかという問題も含めて、生き方を見直し悔い改める必要がある。崩壊する前に、この大地を尊敬する人たちや、尊敬して扱える人たちをどうやって作りだせるか」

「あの映画がすごかったのは、日本の人たちのアメリカインディアン像を一変させるぐらい映画自体が持っているメッセージが強烈だったこと。なおかつホピの平和宣言というものが強力だった。そのためにあらゆる運動の人たちの頭にたたきこまれたというか、こういうメッセージが存在するんだということは認識したのだと思う。

でもそれがきちんと大地に根を生やすような実りにはまだ至ってはいない。それは映画の問題ではなくて、日本という国、システムが、あのメッセージを受け入れるだけの純粋さを保っていないということなのかもしれない。精神を解き放つためには、精神の周りを覆っている汚れとか偏見とかそういうものを全部一度掃除する必要があるわけでしょう。それは自分の存在を、なぜ自分はここに生まれたのかということも含めて、しかと見つめ直す作業をするところからはじめなければならないわけで。

日本列島のうえで日本人が形作られてから一〇〇〇年以上たって、その間に日本人はこうあるべきだという教育が徹底されてきている。日本列島が日本国になる前に、そこに生きていた『地球に生きる人たち』は何をしてたのだろうか？　われわれがこの『地球に生きるただの人』というネイティブの人たちにとっての基本的な認識のところにたどり着くまでには、おそらくものすごく複雑なプロセスを辿らないといけないのだろうね」

大きな流れの中で、これまでの社会のシステムが変わろうとしている。それを「崩壊」と呼ぶこともできるが、それは新しいシステムのはじまりとも言える。私たちは一人ひとりの内側にどのような夢を描くことができるだろう。

●●●新たなはじまり

一カ月のアリゾナ旅行を終え年が明け、なんとか文章にせねば……と思っていた二〇〇二年の夏に、突然、私の夫が体調を崩した。検査に時間がかかるうちに彼の病状は、急激に進んだ。

病名は、成人T細胞白血病リンパ腫。はじめて聞く病名だった。現在の西洋医学では治療する方法がないと宣告された。彼が亡くなるまでの六カ月間をここに描写する心の強さを私は持ちあわせていない。

一二月一一日の早朝、彼は亡くなった。その一週間前に、

「俺が死んだら、愛媛の実家のお墓に分骨してほしい」

と私に頼んだ。彼は、これをやろうと自分で思い描いたことは何があっても実行する人で、その彼が実現できなかったことの一つが、車で自宅のある仙台と愛媛を往復することだった。

二〇〇三年の三月、子どもたちの春休みに彼のお骨を持って、それを実行する旅に出た。

アメリカのイラク攻撃がはじまっていた。分骨のための旅行の途中、神戸でレイコの家に宿泊させてもらった。彼女とは、夫の葬儀以来の再会だった。私が夫の病気で奔走していたころ、宮田とレイコにも新たな展開があって、宮田は新しくできた障害者の施設に入所が決まった。施設の各部屋には世界中の国の名前がついていた、宮田の部屋の国名は「アメリカ」……。レイコもこの偶然には驚いたという。

施設で久しぶりに再会した宮田は、私の頭をつかんで離さない。宮田流の喜びの表現だった。宮田を前に、レイコと私はイラク攻撃について話し合った。宮田ならこの時期何をするだろうか。やはり映画「ホピの予言」をもって、また上映会と講演の旅に出るだろう。そんな話をして、宮田のいる施設をあとにした。

分骨旅行も終わり、桜の花も散ったころ、私はこの原稿を書きはじめた。宮田の本をまとめるという思いはあるにはあったが、私の内側から出てきたのは、レイコとアヤとのアリゾナの旅だった。パソコンに向かっていると、夫を失った悲しみが少しは和らいだ。

一方レイコは、

「上映会をやろう。今度は私が……」

レイコの中でそんな思いがわきあがってきた時、映画「ホピの予言」を以前見たという映像関係の仕事をしている方から電話があり「『ホピの予言』をＤＶＤにしませんか」という話がもちあがった。絶妙なタイミングだった。

「これはゴーサインだよね」

レイコの思いをこの出来事が後押ししてくれた。どこまで行くかわからないが、行くところまで行ってみよう！と決心したら、映像関係の事がまったくわからないレイコに、周囲から助けてくれる人が次々現れ、人をつなげてくれる。その見えない力の中に、私は急いで向こうの世界に行った夫の存在を感じた。さまざまなことがあったが、彼にはただ「感謝」の言葉しかない。

「ホピ」それは「平和の民」という意味である。真の平和とはどういうことだろうか。

レイコから「内なる平和」という手紙が、上映会再開に先だって送られてきた。全文引用しよう。

内なるホピ《へいわ》

それぞれが一粒の種として

辰巳玲子

一九九九年二月に、それまで五〇年間にわたって「ホピの予言」を伝えてきた最後のメッセンジャー、トーマス・バニヤッカは雲の精霊になり、水の巡りの中に還っていった。そして、予言を伝え、警告を発信する時代は終わりを告げた。ホピの残した新しい時代へのメッセージは、「質素で、自然で、精神的な生き方」であり、「それは一人ひとりにかかっている」ということだ。

私が「ホピの予言」と出会ってから、過ぎ越しこの一六年間の日々の中で学んだことは、「平和」の真の意味だ。人と先を争わず、最後に残った見てくれの悪いとうもろこしを喜んで選び取った者に、創造主は「ホピ―平和―」と名づけたのだ。その意味を自分の人生の中で私なりに考え続けた。

ただ単に、戦争がなければ平和なのか。ホピの人々の忍耐や、親切、そして謙虚さや、感情や情動、欲望に自分が支配され、自分ばかりか他人をも傷つけることがないように、それらを自ら戒める精神を養った彼らを思う時、私の中に眠っていた様々なものが目覚め、気づきを与えられてきた。人生の中で日々の営み、幾多と訪れる試練、悲しみ、怒り、そして喜び、あるいはめぐり合う生と死……それらを排除せず、また挑まず、自分自身や他者と対立せず、あるがままを受け入れる。そして、すべてがバランスの内に歩むようにと、調和を祈る……それがホピ―平和―としての生き方なのかもしれない。

たった一人しかいないかけがえのない自分。創造主が、それぞれに「違い」を与えられたのは何故だろう。それぞれの人生の設計図を持って、広げ育てていくのが私たちがこの世に生を受けた目的なのではないだろうか。自分らしく在ることで自分が満ち足り、感情、衝動、本能に揺るがされることなく、常に自分を信頼している心のあり方ができるとき、他者へのまなざしも同じようになるのかもしれない。そこに生きる時、さまざまな人種、文化、習慣、宗教、性差、年齢……を超えて、私たちが互いを理解しあうプロセスの中で学ぶことから、すべてつながりの中で生きていることを知る。きっと、そこからしか、この地球の平和は創りだされないのだと思う。

ホピが警告してきたこの浄化の時代を迎え、私たちがそれをくぐりぬけて、すべての生命との共生と調和の時代を築いていくために、私たちは一人ひとりが、自分だけの設計図に気づき、それを育てていくしかない。そしてその生き方は、他者と分かちがたいつながり—生命の巡りの環のなかでこそまっとうできるに違いない。

そんな新しい時代がやってきたのだ、と私はこころからそう思う。

レイコだけではなく、一人ひとりが自分の内側で育て、誰に依ることなく自分で決めて歩みだすことでその道に向かうのだ。

レイコは言う。

「上映会をするということに、自分自身の役目や生きがいを重ねているわけではないの。このプロセスの向こうに私自身の道があると感じているのよ」

それは困難な道かもしれない。しかし、レイコ自身が自分の足で歩きはじめたことを喜びたい。

ズニは、その後二〇〇四年に、愛用のトラックに原毛を積んでタオスに向う途中、交通事故にみまわれ、車が使い物にならなくなった。幸い本人に怪我はなかったが、広大なアメリカで車がないというのは致命的である。ズニはこの出来事をある種の啓示と受け取り、日本に帰国することを決心したが、もう一つどんでん返しがあった。かねてアルバイトをしたフラッグスタッフの日本食レストランより、仕事と無料の部屋の提供を受ける話となり、急遽ひっこしとなったのだ。日本の両親は、ズニが帰国すると思っていたのでだいぶ立腹しているらしい。

「勘当覚悟で、今しばらく残ることにしたわ」

まだまだズニのアリゾナ暮らしは続く。

私自身は、この原稿を本にすることが当面の役割と感じているが、そのあとは私個人の、私自身の必然で動いていこうと思っている。この数年の出来事が私の立つべき場を、あきらかにしてくれた。肉体をもってこの世に生きる私の人生の役割は、「形を創りこの世に出す」ということだと感じている。そして日常生活にどっぷり浸かりながら、その生活を瞑想的に生きる。周囲に振り回されることなく自分の責任で生きる。何もなかったらそんなことも学ばなかった。起こる出来事を豊かにするのも、愉快にするのも自分自身だ。自分の人生は自分で創るのだ。

エピローグ

二年ぶりのホピ居留地だった。五月の風がレイコの髪を揺らし、透き通った空の碧を背景に、遠いシルエットだった台地が目の前に迫ってくる。サードメサへの道はこれまでと同じように、砂漠の乾いた砂を舞いあげ、レイコの乗った車の周囲に埃がおどる。

映画「ホピの予言」の再上映を決めたものの、レイコには「今」という時のメッセージとしては、不足しているように思われた。一六年前の映画である。レイコは、火部族《ファイヤークラン》のマーチン・ゲスリスウマ氏のインタビューのため、再びホピ居留地に赴いた。メモをとることもいけないとされるホピ居留地でのインタビューである。二〇〇一年にホピで出会った人たちのご縁をつないで、成り立つことができた。ひととおり話が終わり、レイコがマーチンと通訳をしてくれたエメリーと抱き合うと、待っていたかのように大粒の雨が滝のように降ってきた。これからの歩みのための浄化と祝福の雨だろうか。

レイコは、トウモロコシ畑に立った。ホピの乾ききった砂地のような畑を、ひとかき、ふたかき、みかき……と砂を混ぜ合わせることなく、砂を寄せていく。そうすると、少しずつ湿った砂があらわれる。十分に湿ったところまで砂をかくと手を止め、そして棒を持ち、湿った砂に突き立てる。そして、棒をぐいっと手前に引くと、できた隙間の穴にトウモロコシの粒を二〇粒ほどぱらぱらと落としてやるのだ。それから、かいていった砂をそのまま湿った順に戻してやる。ちょっとの水分も逃さぬ知恵だ。十分に湿った母の懐で種粒はしばらく抱かれ、芽を出し、根ざす準備をする。レイコは、教えられたとおり砂をかき、トウモロコシを穴の中に蒔いた。

たぶん明日もあさっても、仮に世界の終わりが来ようとも変わらずに、マーチンは黙々と畑の世話をするだろう。それがホピだ。レイコは手のひらのトウモロコシをじっと見つめ、再び手で砂を寄せ、トウモロコシの粒を母なる大地にあずけた。トウモロコシとともに大地に埋めたたくさんの思いが実を結ぶように。

資料・参考文献

■資料1

聖地ビッグ・マウンテンをめぐる土地争いについて（ミニコミ誌「ホピからのメッセージ」より）

コロラド高原の南西にあるこの土地で、ホピとナバホの人々が伝統的な暮らしを守れたのは、メキシコ領から合衆国領になったのが比較的新しい（一八四八）ことと、半砂漠の土地が、利用価値が無いように白人には思われたことによるようだ。

ホピとナバホの人々が住むビッグ・マウンテン（ブラック・メサ）は、およそ一億年前は浅い海で、その水中に膨大な植物が堆積し変成したのが、現在地下に眠っている石炭である。その埋蔵量は、およそ二百十億トンと言われている。そして石炭が取り囲む形で、ウランの鉱脈も走る。ホピやナバホの人々にとって祖先の霊のおられる地でもあり、女性の山と呼ばれ、生命の創造を司る精霊の宿る聖地とされてきた。

しかし、大量の地下資源の存在が白人にも知れることとなり、採掘のために合衆国政府や鉱山会社は、そこに住んでいる一万人以上の人を強制移住させようとしている。この石炭採掘に関して、伝統的ナバホの人々と伝統的ホピの人々は自然界の調和を乱すとして、一貫して反対し警告してきた。インディアンにとって地球上の全生命が、調和を持った生命の輪の中に在るとされている。動物や鳥、魚、草や木はもちろん岩や山、水の流れや雷などの自然現象も命あるものとみなされているのだ。だからその全てを支え養う大地(地球)こそ私たちの母であり、母なる大地が傷つけられ、力を失うならば、子どもたちも生きていけないだろう。そこを石炭採掘のために破壊することは、母親の体が破壊されるのと同じだ。地下資源を掘るという行為は、母親の内臓をえぐり取る事に等しいのだ。

しかし、反対運動は一筋縄ではいかない。アリゾナやニューメキシコの各地にホピの先祖と思われるアナサジの遺跡が多く見つけられるように、広い範囲に渡ってホピの先祖は住んでいた。ホピの人々が住んでいる場所にナバホの人々が白人との闘争の果てに、この場所に移住してきて少々の諍いはあっても、共存する形で住んでいた。だが、この一〇〇年間、白人がやって来てから何度も、白人の都合でホピとナバホの間に境界線が引かれ、ホピとナバホの争いの種になっていた。引かれる度にホピの居留地が小さくなっていく。

合衆国政府によるインディアンの土地を奪う一般的なパターンはこうだ。まず、インディアンの土地を「公有地」であると宣言し、白人に定住許可を与えることから始まる。次に、条約、大統領令、法律などを制定し、法律上の保護や手続きなしに、インディアンを小さな「居留地」内に押し込める。最後に、連邦政府は自らの非を認め、一八〇〇年代の土地の価格に基づいた支払い（もちろん極端に少額になる）を申し出ることによって、最終手続きが終わる。この方法でアメリカ大陸の何処にも住んでいたインディアンが、土地を奪われ、狭い居留地に押し込められることとなった。

ホピの土地でも同様な事が行われたが、一つ違うのは「不法占拠者」が白人ではなくナバホだったことだ。そしてそれに「石炭」の利権が絡む。一九五〇年代、鉱山会社は合衆国政府と結託して、ナバホの部族政府を巧みに操って、石炭の採掘を開始した。その契約書には、ホピ族は同意する以外の選択がないと記されている。

一九七〇年代になると鉱山会社はホピ部族政府に弁護士を送り込み、ホピ部族政府を使ってナバホとホピの人々の立ち退きを画策した。その結果一九七四年、公法ＰＬ９３－５３１が合衆国議会を通過し成立した。この法律は「ホピとナバホの土地紛争の解決」を名目にして、実は広大な土地を無住地帯とする内容で、一九八六年までに約一万人のナバホと数百人のホピが移住するように決めたものだった。この法律は一九八六年七月に失効したが、土地の貸借に関する契約書にサインしなかった者はもちろん、サインした者もホピ部族政府の嫌がらせを受け続けている。

（羽倉玖美子　記）

＊ビッグマウンテンについては、『聖なる場所と、そこに住む人々をこの地上から消してはならない』（スタジオリーフ）や「ウオーク・イン・ビューティ」のホームページ http://walkin-beauty.net/html/aboutbm.html に詳しく取りあげられています。

■資料2

特集・ホピから国連への最後の警告（「ランド・アンド・ライフニューズレター」11号より）

地球の叫び　クライ・オブ・ジ・アース

一九九三年一一月二二日、国連はニューヨークの本部で、南北アメリカ大陸から七つの先住民を招き「クライ・オブ・ジ・アース」という集いを開いた。この集いは、ホピの要請に答えたNGOが国際先住民年の行事のひとつとして企画、それぞれの部族に伝わる預言を国連に伝えるために開いた。

招かれたのは、南北アメリカの四つの方向からホピを始めアルゴンキン、ミックマック、ウィッチョール（南アメリカ）、マヤ（同）、シックス・ネーション、ラコタの七つの部族である。ホピの預言にとり、国連が特別な意味を持っていることは、これまで繰り返し紹介してきたが、一九五九年に最初の使節団を国連に派遣して以来、三度その扉を叩き続け、そのつど扉は閉ざされてきた。そして、「クライ・オブ・ジ・アース」は、預言されたその四度目の最後の試みであり、ついにその扉は開かれた。

ホピ族派遣団の代表は、ホテヴィラ村のマーティン・ガスリスウーマ氏で、通訳として、トーマス・バニヤッカ、エメリー・ホルメス、マニュエル・ホヨンゴアの四氏が同行した。代表であるマーティン・ガスリスウーマ氏は、ホテヴィラ村の創設者、ユキウマの甥にあたり、火氏族の正式な石板の管理者である。

火氏族の保持する石板は、この世界に五枚存在するといわれる同種の石板のうちの一枚であり、同氏族の預言では、この世界の終りにはその五枚がホピの地でひとつに邂逅すると伝えられている。

一枚は創造主の手に、一枚は火氏族が、一枚は、伝説の本当の白い兄弟が、残りの二枚は不明である。しかし、この石板を持つ者は、他の保持者を互いに探さなければならない、と教えられており、氏は一九九〇年一二月にサンタフェで、その石板を公開し、情報を世界に求めた。一九九二年には、日本を訪れている。トーマス・バニヤッカ氏はご存知のように、宗教指導者たちの通訳者として、一九五九年の第一回目の派遣団以来、一貫して国連の扉を叩き続けることを使命としてきた。一九九〇年、九一年と続けて、国連の事務総長室次官、ジョン・ウィッシュボン氏と会見し、一九九二年には、国際先住民年の開幕のセッションで一〇分間のスピーチを行っている。（ニューズレター10号に紹介）

同氏は、現在ホテヴィラ村の宗教指導者たちの通訳者を務めているが、同村の指導者らは今回の国連への使節団派遣を、正式に第四回目とし、最後の試みと認識している。

マニュエル氏は、故デイヴィット・マニャンギ氏の孫にあたり、エメリー・ホルメス氏は、マーティン氏の娘婿にあたる。又、今回特別ゲストとして、グランド・マザー・キャロライン・タワンチュウマ女史が見届役として招かれた。キャロライン女史は、一九八五年に国達を訪れ、一九八二年にはドイツのフランクフルトで二〇〇〇人の聴衆を前に、ダライ・ラマ猊下と公開の意見交換をしている。

では、国連に対して伝えられたホピからの最後の警告である、マーティン・ガスリスウーマ氏のスピーチを紹介しよう。

最初のひとびと

我々は、ホピ独立国から、国連の主催する「クライ・オブ・ジ・アース」に出席するためにやって来ました。我々のために国連が扉を開いてくれたことをとても誇りに思います。

私の名前はホピのマーティン・ガスリスウーマで、私たちが、どうやって前の世界から最初にこの世界にやって来たのかについてのメッセージを伝えるために来ました。

ホピの道とは、儀式や瞑想を通して、人々をよい生き方に導くことにあり、私たちはこの大地とそこに生きる生命たちの世話役であります。

我々は今でも、スパイダー・ウーマンからこの世界の始まりに授けられた石板を保持しています。これは、我々の土地に対する権利の証明であり、我々の従うべき生命の計画と重大な警告を含む堅固な知識が込められています。

我々の祖先がこの世界にやって来た頃は、この地上は天国でした。雨は適度な湿り気をもたらし、それは人間ばかりではなく、あらゆる植物や鳥や動物や蟻たちにも恵みをもたらしました。

この世界にやってくる以前、地下の世界からやってきた我々は、グレイト・スピリット、マーサウにこの世界に上って来てよいかどうかの許可を願い出ました。なぜなら、地下の世界は、すべてが堕落しきっていたからです。

するとグレイト・スピリットはこう答えました。

「もし、お前たちが私の生き方を敬い、そのように生きることを喜びとするなら、選択はお前たちに任されている」と。

そこで人々は答えました。

「はい、あなたのように生きることを喜びとします」と。我々はその同意にもとづいてこの新しい世界にやってきたのです。そして、グレイト・スピリット、マーサウは、この世界に最初にやってきた人々すべてに知識と法を授けられたのです。

スパイダー・ウーマンは、人々の食べている食べ物の中から様々な色のトウモロコシを選び、それを人々の前に置き、好きなものを選び取るように告げました。

貪欲な人たちは、我先にと大きなトウモロコシを選びましたが、謙虚なホピは、最後に残った一番短いトウモロコシを選んだのです。

スパイダー・ウーマンは又、すべての最初の人々にそれぞれ名前と言葉を授け、この大陸の隅々まで移住をするよう、そして、移住の途中で、マーサウから授けられた教えや警告を印として、又、手型や足型や住居もそのまま残していくように告げました。移住の目的は人々が再びグレイト・スピリット、マーサウを見つけることにありました。

そして人々の中で最初にグレイト・スピリットを見つけた者が後から来たもののリーダーになる約束がなされていたのです。

かくして人々は、この世界の大地の隅々まで移住をすることになったのです。

金属製のヘルメットの人たち

我々が移住をし、それぞれの場所に辿り着く以前、グレイト・スピリット、マーサウは、自分の家の周囲を散歩するのが常でした。しかし、ある日、彼はスミレの花を家に持って帰る途中、それを無くしてしまい、探すために道を引き返すことになりました。しかし、すでにツノヒキガエル・ウーマンに拾われていたのです。それを返してくれるように頼みましたが、ツノヒキガエル・ウーマンに断られました。

その代わりに彼女はこう言いました。

「私はこの世界が危機に陥り、あなたが助けを必要とした時には、金属製のヘルメットを持った人々を携えて助けに来ます」と。

これは、いつの日かホピが困難な状況に陥った時には、金属製のヘルメットを被った人たちが助けに来る、ということを意味しています。

この世界で最初にグレイト・スピリット、マーサウを見つけたのがホピでした。その時、ホピは、彼に何処に住んでいるのかを尋ねました。すると、彼は人々に、オライビという所に住んでいる、と答えました。彼は、シップオライビというその場所のフル・ネームを告げませんでしたが、それは地球が固まる（地球の岩盤）という意味でした。

人々は、グレイト・スピリットに自分たちの偉大な指導者になってくれるよう頼みました。しかし、グレイト・スピリット、マーサウは人々の中に自己中心的な欲望と邪悪な意志を見てとったのです。ですから、人々がその欲望をすべて満足しきった時に始めて人々の真の指導者になるだろう、と告げたのです。

「私はあなたたちが最初に出会う指導者で、そして最後の指導者となるであろう」と。

こうして最初にグレイト・スピリット、マーサウを発見したホピは、移住の末にたどり着いた様々なグループ、氏族とそこに定住することになりました。

この後、次々とオライビに住むためにやって来た集団は、彼らの持つ特性、あるいはグレイト・スピリットを探してどのような移住の旅をしてきたのかによって、そこに定住できるかどうかが決められました。

物を持っていることを誇示したり、傲慢な人々は東に追いやられました。謙虚で誠実な心を持つ人々だけが入村を許され、作物やすべての生き物のために、雨を降らせる正しい儀式を行うことを許されたのです。これらが確立した後に、オライビの人たちに、最初に地下の世界からやって来た祖先たちのことが伝えられました。そして、これらの知識、あるいは預言と呼ばれるものが、その時から今日まで、世代から世代へと語り継がれてきたのです。

預言されていた出来事

その預言の中には、やがてこの土地が自分たちのものだ、と主張する他の人種がやって来るだろう、と伝えられていました。

「彼らがわしらに与えるどんなものも受け入れてはならない」と言われていました。しかし、それは私たちを誘惑し、それに逆らうことは出来ないかもしれない。彼らは利口で、沢山のものを発明するだろう、と言われていました。

今、我々はこれらの人たちが明るい色の肌を持つ人々、バハンナ（白人）であることを知りました。我々は動物が引く何かがやってくることも知らされていました。これは、四輪車、二輪車のことを意味していました。とても速く走る何かがやってくることも知らされていました。これは自動車やあるいは様々な動力で動く乗り物のことです。

又、大地が長い道やフェンスで寸断され、女性が男性の着物を身につけることも（これは、ズボンを意味している）、衣服で包まれている女性の神秘的な部分も、露わになる時が来る、ことも知らされていたのです。

これらのことが起こる時、世界中の指導者やすべての人々は堕落し、この堕落を正しい方向に導ける人はいなくなるだろう、とも言われていました。我々の預言では、これらのすべてが起こる時、それはこの世界が終りに近づいていることを意味しています。

そして、戦争が強風のようにやって来て、それは国から国へと広がり、この世界が浄化、あるいは破滅していくだろう、と言われています。

私たちがグレイト・スピリット、マーサウの教えから遠のけば遠のくほど、地震や洪水、旱魃、火事、竜巻、津波などの中に、自然が私たちに報復しようとしているサインをますます発見するようになるでしょう。

戦争や堕落が進めば、これらのことが一度に起こるかもしれません。今、私たちの周りでは、若者たちが怒りにまかせて、互いに殺し合い、両親さえも殺す事件が起こっています。敬うということがなくなったのです。私たちはすべて堕落しきっているのです。

もしも、浄化が具体的な形で起こらなければ、世界は四回ひっくり返り、次の新しい生命が始まるまでは、ただ蟻だけしかこの世界に生き残れないだろう、とも言われています。

この世界に人々がやって来る前の世界でも、人々は今のように病気でした。この病は、すべて堕落から来るものです。

今、我々は、我々が抱えている問題や状況を解決するための方向を探し始めています。この世界は、最後の世界であり、私たちはここから他にもうどこにも行くところはないのです。

もし、我々が地上天国である、この至高の世界を破壊するならば、最早何ひとつ得られなくなるでしょう。ですから、この世界を破滅させる前に、我々が生存し続け、後の世代に大地といのちを保ち続けるために、今のこの事態を真剣に受け止めようではありませんか。

(一九九三年一一月二二日、ニューヨーク国連本部)

■資料3

新訳「ホピ　平和宣言」　V. 2.7.9(北山耕平さんのブログ「ネイティブ・ハート」より)

《註》この宣言を起草したトーマス・バニヤッカ氏はホピ一族のオオカミ、キツネ、コヨーテの氏族に属します。一九四八年に、ホピのメッセージを世界に広めるために当時の伝統派の精神的指導者たちから選び出された四人の通詞のうちの最後の一人でした。翻訳のVersion 1.X.Xは、八〇年代初頭に小生が翻訳して宮田雪監督の映画「ホピの予言」とともに広まりましたし、映画でもそれが使われていますが、恥ずかしながら不必要な言葉や若さ故の翻訳のあやまちもあり、いつか腰を据えて訳し直したいと念願しておりました。二〇〇四年に、病気療養中の宮田雪監督の意志を引き継いで復活し、映画「ホピの予言」の上映会を再開したランド・アンド・ライフ・ジャパンの辰巳玲子さんからの求めに応じて、新世紀のためのホピの平和宣言の改訳——もっとシンプルでストレートに——を心に決めて、これをワークとして小生は続けていくつもりでいます。ご意見、提案などいつでもお送りください。検討のうえ次期バージョンに反映させていただくことがあるかもしれません。二一世紀を通して人々の頭と心に生き残りつづける平和宣言になっていけばよいと願っています。平和で、思いやりがあり、寛容で、真実に満ちたホピの精神の一端に触れていただくために、この平和宣言は、ブログにおいてバージョンアップを繰り返しつつ周期的に掲載されます。引用は自由ですが、その場合は部分引用ではなく全文の引用をお願いします。またご面倒ですが、その際には「Version No.」も入れていただけると幸いです。

(北山耕平　記)

ホピ平和宣言

起草者　トーマス・バニヤッカ(1)　伝統派ホピ一族通詞

この地球において、真の平和を求めるすべてのひとびとの、頭とスピリットとをひとつにまとめあげるものが、ほんとうのホピの力のなかにはある……

「ホピ」とは「平和なひとびと」を意味する……そして、真に最も偉大な力とは平和の力である……なぜなら平和は、偉大なる精霊の意志なのであるから……

だが、ほんとうのホピが戦わないのは、たんに偉大なる精霊がほんとうのホピに戦わせないために、けして武器を取ってはならないといわれたからだとか……われわれが「いのちの正しい道」として知っているもののためにならなら死ぬこともいとわないのだとか、考えたりしてはならない。

ほんとうのホピは、殺すことも、傷つけることもなく戦うすべを知っている……

ほんとうのホピは、偉大なる精霊の光のなか、真理と肯定的な力を用いて戦うすべを知っている……

ほんとうのホピは、明晰な思考と……良い絵や写真……そして厳密に選び抜かれた言葉とによって、いかにひとびとを教育すればよいのかを知っている。

ほんとうのホピは、質素でスピリチュアルないのちの道――生き残るであろうただひとつのいのちの道を、真に探し求める人たちひとりひとりの頭と心に届くように働きかけ、伝えていくことで、いかに世界のすべての子どもたちに、ほんとうのいのちの道の手本をみせるかを知っている。

ほんとうのホピが、地球で生きていくための聖なる知識を絶やさないでいる理由は、地球が、ひとりの生きて成長しつつある人であり、そのうえにあるいっさいのものが、彼女の子どもたちであることを、ほんとうのホピが知っているからだ。

ほんとうのホピは、聞く耳をもち……見る目をもち……そうしたものごとを理解するハートをもつ世界のすべてのひとびとに……正しいいのちの道をいかに示してみせるかを知っている。

ほんとうのホピは、いかにすれば真の地球の子どもたち全員の頭とスピリットとをつなぎあわせるにたる力を呼び起こせるか……そしていかにすればその人たちを肯定的な力や偉大なる精霊とひとつにすることができるか、そしてその結果、自分たちがこの世界の苦しめるすべての場所において、苦痛と迫害に終止符を打つことができるかを知っている……

ほんとうのホピは、ここに、ホピの力こそが、世界に変化をもたらす原動力であることを、宣言する。

(2)

われわれは、すべてのものが生きており、われわれの声を聞き、われわれを理解していると信じるものである。

ホピは不毛の大地に暮らしてはいるが、われわれは、われわれが「マーサウ」と呼ぶスピリットによってこの地に導かれたことを信じる。われわれの役割は、ある種の知識を、全人類のために絶やさないようにすることであり、この知識は、すべての（先住民の）国々を理解し存続させ続けるために必要不可欠なものである。

（1）起草者のトーマス・バニヤッカ氏は一九九九年二月六日にホピの土地でなくなった。
（2）この破線以下の二小節は最終稿には残されていないが、全体の理解の便宜を考えて残した。
「ネイティブ・ハート」http://native.way-nifty.com/native_heart/

■参考文献

D・ブルーシュほか『エマの赤いリボン』スタジオ・リーフ
トム・ラブリンク『ワンネス』スタジオ・リーフ
ロバート・スティード『平和へのメッセージ』スタジオ・リーフ
真弓定夫、ダイヤン・モントーヤ『つながるいのち　パート2』スタジオ・リーフ
堀越由美子企画監修『夜明けへの道』スタジオ・リーフ
人間家族編集室『聖なる場所とそこに住む人々をこの地上から消してはならない』スタジオ・

リーフ
ヘェメヨースツ・ストーム『セブン・アローズ1　聖なる輪の教え』地湧社
ジョアン・プライス『輝く星』地湧社
北山耕平『ネイティブ・マインド』地湧社
徳井いつこ『スピリットの器』地湧社
フォレスト・カーター『リトル・トリー』めるくまーる
J・G・ナイハルト『ブラックエルクは語る』めるくまーる
デニス・バンクス『聖なる魂』朝日新聞社
河合隼雄『ナバホへの旅　たましいの風景』朝日新聞社
本多勝一『新・アメリカ合衆国』朝日新聞社
S・ウォール、H・アーデン『ネイティブ・アメリカン＝叡智の守りびと』築地書館
リチャード・アードス『インディアンという生き方』グリーンアロー出版社
ディー・ブラウン『わが魂を聖地に埋めよ』草思社
マリー・クロウ・ドッグ『ラコタウーマン』第三書館
ポーラ・アンダーウッド『一万年の旅路』翔泳社

フランク・ウォーターズ『ホピ　宇宙からの聖書』徳間書店
おおえまさのり『宇宙の見る夢』雲母書房
青木やよい『ホピの国へ』廣済堂
青木やよい『ホピ　精霊たちの台地』PHP研究所
北沢方邦『蛇と太陽とコロンブス』農山漁村文化協会
北沢方邦『ホピの聖地へ』東京書籍
真崎守『環妖の系譜』ブロンズ社
ジョアン・プライス『地球は生きているそして息も絶え絶えになっている』ランド・アンド・ライフ

■ビデオとDVD

「ホピの予言」ランド・アンド・ライフ
「生命の始まりから浄化の日まで・ホピ物語」については、ランド・アンド・ライフにお問い合わせください。寄付をしてくださった方にお分けしております。

映画「ホピの予言」2004年度版の上映、ビデオとDVDについては、ランド・アンド・ライフまでお問い合わせください。ホームページにも上映要項等が載っています。

ランド・アンド・ライフ

〒657-0817 兵庫県神戸市灘区上野通1-2-35-312

電話&FAX 078(881)8163

http://www.h6.dion.ne.jp/~hopiland/

landandlife@r6.dion.ne.jp

ナバホチュロの原毛やナバホラグ、ナバホルーム(織り機)、ナバホ織りツール、インディアンジュエリーを販売するほか、ナバホ織りや手つむぎ教室を行っている店。

ナバホチュロの店、ディベ

〒386-0081 長野県上田市常田2-19-12 蔦ビル2階

電話&FAX 0268(27)2941

私の内なるホピ

ランド・アンド・ライフ　辰巳玲子

一九八八年二月のある日、アルバイトしていた「菩薩茶屋」という食べ物やさんで、映画「ホピの予言」の上映会をすることになった。それが縁で私はホピの平和のメッセージと監督、宮田雪に出会ってしまうことになるのだが、「出会ってしまった」という表現がぴったりしているとほんとうにそう思う。「自分を手放す時がきてしまったんだなあ」という観念にも似た気持ちとともに、私はすぐに店を辞めてアメリカ・ホピの旅に出ることを決めていた。世界を相手に、世界にたった一人、こんな映画を作った監督、宮田という人物に驚き、誰かがサポートしなくては……という率直な思いが私を動かしていた。でも、後に連れ添い、私の人生を大きく展開させてしまうことになるなどとは露ほども思ってはいなかった。出会いとは、人生の行く道の上に布石のように打たれていくもののようだ。時間の経過にしたがって打たれた布石の意味が解き明かされていく。そうして、今ここに導かれて立っていることを確認できるように感じる。

さて、私は、ことに大学に入った頃から、ずっと自分の歩く道というものを求め続けてきていた。いつも自分のこころとからだがひとつになっていない、という感覚に苦しんでいた。本当の自分になりたい、そういう言葉がいつも内から湧いて出てきていた。しかし、それがどういうことなのか、どうすればいいのかはわからなくて、自閉気味になり、外の世界とうまく関わることができずに苦しんだ。

そんな中で、それでも私には寄る辺となったものがあった。自分自身の感覚だ。ともかく自分の感覚に従って、こころとからだや現実との折り合いをつけようと試行錯誤する私を、ひやひやしながらも見守ってくれた家族や友人がいたことは、ほんとうに恵まれていた。また、いつかは土に還れるのだ、という希望のような安心感、それが根源的に私を支えてくれていた。土に返れば、「私は誰？」というわけでもなくなって、ただ他のいのちの役に立てるようになるのだ、という思いは私の救いになっていた。私が私らしくあることで、他の存在の役に立っている……そんなふうになれればとどれだけ願っただろうか。

映画と出会い、初めてのアメリカ・ホピの旅を終えて故郷、神戸に戻りつき、「ホピの予言」の上映会を企画した。そのイベントのタイトルは「内なるホピに出会うために」だった。スタッフとして手伝ってくれた姉貴分の友人が、「そのために生きてるようなもんやからなあ、れいこちゃん」とぽつっと言ったのを妙によく覚えている。「へえ、そうなんや」と思った。自分でも意味がはっきり分かっていないのに、そんなタイトルにしていたのだ。今からちょうど一六年前のことになる。

それから七年間は、宮田と、ほどなくして生まれた娘の礼と共に、千葉に借りた田舎家とアメリカを行ったり来たりの生活をくりかえした。宮田は商業シナリオライターの仕事を一切止め、第二部の映画撮影と制作にすべてを注ぎ込んでいた。「これ以上の（価値ある）仕事はない」と彼は私につねづね言った。私はお金もないが不自由さも感じず、旅の空寝を日常として受け入れ、国内外を含めてさまざまな場所、さまざまな人たちと出会っていった。

そして、九五年一月一七日神戸の実家が震災で被災し、震えの止まらない緊張した日々を千葉の山中の借家で過ごしていた時のことだ。宮田はカリフォルニアで第二部の映画の編集にとりかかるため一人で赴いていたが、五〇歳の誕生日（現地時間で三月三日）のその日、脳内出血のために倒れた。私は連絡を受け、幼い礼を連れてその日のうちにカリフォルニアへ飛んだ。彼は重篤だった。そして、三週間の昏睡の後、蘇った。

それから私たちにとっての激動の日々が始まった。私は彼の入退院に従って、カリフォルニアのバークレー、千葉、川越、鎌倉と転々とした。四歳半から七歳になるまで、礼の世話はほとんど私の母に任せきりになっていた。そして九八年三月にやっと神戸に落ち着いた。リハビリのための入院を終えるとそれから三年半の在宅療養生活がはじまる。そして二〇〇二年六月に彼は身体障害者療護施設に入所することになるのだが、病を得てからちょうど七年という月日が流れていた。宮田は五七歳に、私も四五歳になっていた。

私は、彼が倒れた当初から、「これはグレイトスピリットが私たちに敷いた学びの道なんだな」とそう受け入れて過ごしてきたつもりだ。しかしながら、次々と起こっていく出来事、難題にいつも緊張し、神経質になっていった。いつも誰かに頼りたかった。「その人が越えられない試練は来ないそうだから……」と友人達が慰めてくれても、「私をそんなにかいかぶらんとってよー」とよく天に向って文句を言ったものだ。

宮田が転院したその先々の病院で、私は何人もの生と死の在りようを見て、考えることがさらに多くなっていた。宮田が生死の境から生還したという意味づけを求め、奇跡のように復帰してすばらしい仕事をしてくれるに違いない、と自分勝手なシナリオも当然のように描いていた。それが彼も自分をも苦しめていたことに気づくのに時間がかかった。カリフォルニアでやっと出会ったソーシャルワーカーとのはじめての面談で「ご主人は自立した方ですか」と問われ、答えに詰まったことを何度も思い出すようになっていた。そのうちに自分のシナリオを彼に求めず、今を受け入れ、そしてただ待ってみようと思えるようになってから、私もすこしずつ楽になったと思う。

また、数年経って私自身に更年期症状が出はじめ、心身の不調に随分悩まされた。そのようにして、自分のからだの声に耳を傾けることで、これまでの生き方、考え方のクセや、自分を解放させなくしている価値観などへの気づきともなった。体力や勢いで突っ走るのではなく、からだのペースにあわせて事をすすめていくことの自然さを受け入れられるようになっていった。年齢を重ねるというのもなかなかいいもんで、今は五〇代に入っていくのがなんだか楽しみになっている。

実にさまざまな経験が私を待っていた。そして、振り返ればこれらすべての事柄、出会いが私を養ってくれたと思う。まさに、「内なるホピに出会うために」そのための道程だったような気がする。私はようやく、宮田に付いて歩くホピの旅ではなく、自分の足でホピに立ち、拓いていくホピの旅をしたい、と思いはじめるようになっていた。

ちょうどそんな時にホピを七年ぶりで訪ねる機会が巡ってきた。その旅のことをハグさんがこの本で書いてくれている。旅の中で、わたしはグレイトスピリットのロードプランが、次の新しい時代に入っていることを感じていた。同時に宮田とはじまったホピの旅が一四年目にしてひとつの段階を終えたことも実感していた。求めてきたものの答えは私自身の内にある、ということを確認する旅となった。

その旅から帰国して二週間後にニューヨークの同時多発テロが起こった。私は、ホピの旅で感じたことが間違いではなく、それが「浄化の時代」への幕開けであることをはっきりと認識したのだ。この時ほど、自分の存在が時代と共に在る、ということを実感したことはない。それから、二〇〇三年三月になってアメリカがイラク戦争を始めるにいたって、私は再び「ホピの予言」の上映をはじめることを決心していた。宮田が「アメリカインディアンの精神性こそが、物質文明を超えて新しい時代に入るための指針になる」と信じて四半世紀前にこの映画撮影をはじめたことに真実を見た思いがした。それがさらに私を動かした。

二〇〇四年四月四日、私は多くの人たちの助けを借りながら「ホピの予言二〇〇四年版」の上映活動を開始した。宮田が監督した八六年のオリジナル作品に、私が新たに撮ってきたマーチン・ゲスリスウマ氏のインタビュー映像「浄化の時代を迎えて」の二本立ての作品だ。映像に関して全くの素人の私が撮って編集した映像を、映像作家である宮田の作品と並べるのには、躊躇もあった。随分大胆だったかもしれないが、この大きな時代の転換期にあって、オリジナル作品の役割を全うさせ、次の時代にホピのメッセージを手渡し、活かしていくために、それは必要だった。

私は新しい上映活動に「444ホピの種企画」と名前をつけた。「ホピ―平和―」として生きる意識と、それを形にしていく設計図を私たちはそれぞれに植え付けられているように思う。それが「ホピの種」だ。その種の存在に気づいて、自分で育てていくことが「内なるホピに立つ」ことであり、ひとりひとりの平和への歩みとなっていくのではないか、という提案をしていきたいと考えたのだ。こうして、私自身の「ホピの種」もようやく小さな根を伸ばした。これまでのすべての出会いが水や養分や光となってくれたのだなあ、と感謝せざるをえない。でも芽を出すのはまだまだこれから、これからだ。

アリゾナの旅からかれこれ三年半が経とうとしている。

娘の礼は中学生になり、砂漠の風ではなく、熱く湿った南の島風に魅せられてしまった。インディアンドラムを沖縄の小さな太鼓パーランクーに持ち替え、島唄に合せて勇壮に踊るエイサーとその仲間の輪に夢中だ。風は大地の息吹であり、スピリットだ。

これからも大地の風を感じながら、それを自分のスピリットに呼応させ、礼の若い生命力をますます躍動させてくれたらいいなあと思っている。

そしてハグさんは人生の相棒であったおつれあいを亡くし、息子三人と共に残された。これまでの人生とこれからの人生に否が応でも向き合わざるを得ない人生最大の岐路に立たされたのだ。遠く離れていても、彼女が全身全霊でおつれあいとの闘病の日々を送っていたことが、痛いように伝わってきていた。グレイトスピリットはあまりにも過酷に、「内なるホピ」への道程を彼女に備えた。しかし、ハグさんはそれを理解し、そして受け入れたのだ。

晴天の霹靂のように突然訪れた夫君の病と死を通して、自分自身の人生を創りあげていくと決意した彼女の強い信念によってこそ、この本は形になったと私は信じて疑わない。

そしてハグさんの決意は、ホピが警告してきたこの浄化の時代をくぐりぬけ、次代に生命をつないでいこうとする決意と重なっているのだ。それが彼女のこの世界との関わり方でもあるのだと思う。大きな試練の中でこうやって形にしたハグさんに感謝だ！　ほんとうにありがとう。

世界はいよいよ混迷を極めてきたかにみえる。しかし、私たちが自分のスピリットの声に再び耳を傾け、本気で生き方を求めはじめた時、私たちはグレイトスピリットの計らいに出会い、大いなるその意志と祝福を知ることができるに違いない。そして生命の再生のサイクルの中にしっかりと還っていけるようになるのではないだろうか。

太陽氏族の故ダン・カチョンバは語った。「それは困難なことかもしれないが勇気を出していくがいい」と。

あなたの歩む道がグレイトスピリットの祝福の上にありますように。

二〇〇五年一月一一日　新月の次の夜に

あとがき

羽倉玖美子

この本を夫、羽倉正人と私の良き友だった乾真智子さんに捧げます。彼は先に逝った真智子さんと再会し、あちらの世界でまた何かくわだてているのではと想像します。

「ホピの予言」の仙台上映の時に、一六ミリ映写機をまわしてくれたのは彼でした。新しく建てられたばかりの会場で、新品の映写機を前に喜々としていた彼の姿は、昨日のことのように私の目に焼きついています。

八八年のインディアン・ランニングの時に、私を支え励ましてくれた乾真智子さん。二人でランニングコースの下見のため、まだ梅雨が明けぬ霧雨の中、福島から女川までの道のりを車で走りました。助手席で地図を見ながら話していた真智子さん。今でも彼女の声が私の耳に残っています。

思えば羽倉正人と乾真智子との出会いは、どちらも「映画」がきっかけでした。七〇年代の初頭、変革を求める学生運動の余波が、様々な文化に影響を与えた時代でした。映画の世界でもアンダーグラウンド・シネマや日活ロマンポルノ、独立プロでの映画制作、各地での自主上映サークルの活動など、雑然とした中にそれぞれの場にいる人々の気概を感じさせる熱気のある時代でした。

劇場用の商業映画しか知らなかった私に、その頃でもマイナーだったドキュメンタリーの世界を教えてくれたのは夫でした。セルゲイ・エイゼンシュタインやジガ・ヴェルトフ、ロバート・フラハティ……、その中で私にとって印象深かったのは、北村皆雄の「カベールの歌」など、沖縄に題材を取った記録映画でした。沖縄の神さまも太陽神ですから、大事なことは最初に示されているのだと出会いの妙を感じさせられます。

彼が自主上映をした映画は、一〇〇本を数えるでしょうか。その手伝いをするうちに、私はノウハウを身につけ、そして出会ったのが映画「ホピの予言」でした。インディアンというテーマも、七〇年代にみた映画、キャンデス・バーゲン主演の「ソルジャーブルー」やダスティ・ホフマン主演の「小さな巨人」は、アメリカインディアンの存在を強く私に焼き付け、そのあとに読んだ「わが魂を荒野に埋めよ」やシャイアンの女性との出会いは、自分自身とのテーマとの接点を考えさせられました。映画「ホピの予言」のエンディングに流れる「ホピ平和宣言」は、その答えだったかもしれません。

二〇〇一年の旅のはじまりは、なんだったのでしょう。それまでバラバラだったものが、意味を帯びて形を作っていったのでした。

七月一六日の雷鳴轟く大雨の中、夫は成田へ向かう夜行バスに乗る私のために、車を走らせてくれました。私は、映画「ホピの予言」の上映をする日の朝も、早朝から雷が鳴ったことを思い出し、私の人生の中で大きな出会いがある時は、雨と雷とのご縁があるように思いました。旅からはじまるこれからのことに、怯まずに進むことができるように祈りました。

リンパ管が破裂し、リンパ液が腹腔にたまっていった状態で、私の誕生日に一緒に山歩きをしてくれた彼。言葉で愛を伝えてくれたことはありませんでしたが、愛情の豊かな人でした。亡くなった朝と、彼を見えない世界に送った葬儀の日は、雪がひらひらと舞い降りました。ホピでは、その人の葬儀の日に雪が降ると「死者が最後のお別れを言いにきた」と言うそうです。彼はそのことを知っていたのかしら。

そして一〇日間の分骨の旅から帰り、パソコンに向かい出てきたのがこの文章だったのです。たぶん彼の死がなければ生まれなかった文章かもしれません。圧縮された悲しみや寂しさなどのエネルギーを昇華し何らかの形で出さなければ、彼を失ったことに埋没してしまいそうでした。これまで、文章を書いて本にするなんて考えたこともなかった私が、さまざまなご縁があり、文章を書くという行為に導かれました。私自身が、深い部分でそのことを望んでいたのかもしれません。

書きながら彼との出会いやこれまでのことを思い起こし、彼の本棚にある本を資料として使いながら、大いなるものの導きを強く感じ、あちらの世界に行っても私と家族を守ってくれている彼の愛を感じました。この世界のすべてのことが、織物の糸のようにつながっているのでしょう。そのすべてのつながりの中で、これからも私の夢を紡ぎ、人生の銀幕で出会う登場人物たちと喜びあい、見えない世界からの力を感じながら歩いていきます。

この本を作るための二年にわたる時間は、私と辰巳玲子さんのもう一つの旅でもありました。個性の違う二人が、ぶつかり、励ましあって、形にしていきました。玲子さんの協力なしでは成しえなかったことです。このような濃い出会いが人生の中でいくつあるのか、それを考えると、感慨深いものがあります。

そしてこの本のために、貴重なお話を伺えた宮田雪さんの関係者に深くお礼申しあげます。ていねいなお話を各方面の方々より頂戴いたしました。初めての経験ばかりで要領を得なかったと思います。直接この本の中には、インタビューで頂いた内容を載せませんでしたが、これからまとめる宮田氏の本の中に生かさせて頂こうと思っております。

予定と違う原稿を本にすることを決めてくださった野草社の石垣雅設さん、大変感謝しております。封筒を開けてびっくりなさっただろうと想像します。編集の兵頭未香子さん、私のつたない原稿を形にしてくださってありがとうございます。

最後になりましたが、一人の女性としての人生の入り口で、リスクの高い道を選択して私を生んでくれた母に感謝します。そして、これまで私を励まして支えてくれた人々のみならず、私を成長させてくれたすべての人々と、この本を手にしてくださったあなたに、感謝の気持ちをこの場を借りて伝えたいと思います。ありがとう。

羽倉玖美子（はぐらくみこ）
イラストレーター。
「山と溪谷」（山と溪谷社）、「暮しの手帖」（暮しの手帖社）などで子どもの生活や家族、草花などの自然、料理のイラストを描く。
挿絵に『空のフェイス』（三一書房）、著書に『ひとりじゃないよ・不登校ひきこもりの子を持つ親のためのブックレット』（エルパーク）がある。

ホピの太陽の下へ
女三人、アリゾナを行く
羽倉玖美子・著
辰巳玲子・協力

2005年6月25日　第1版第1刷発行

著者・挿画／羽倉玖美子
発行者／石垣雅設
発行所／野草社
東京都文京区本郷2-5-12
phone 03-3815-1701　fax 03-3815-1422
発売元／新泉社
東京都文京区本郷2-5-12
phone 03-3815-1662　fax 03-3815-1422
造本／堀渕伸治◎tee graphics
印刷／創栄図書印刷
製本／榎本製本

ISBN4-7877-0581-4 C0095

アニミズムという希望　講演録●琉球大学の五日間

山尾三省著・四六判上製・四〇〇頁・二五〇〇円＋税

一九九九年夏、屋久島の森に住む詩人が琉球大学で集中講義を行った。「土というカミ」「水というカミ」……、詩人の言葉によって再び生命を与えられた新しいアニミズムは、自然から離れてしまった私達が時代を切りひらいてゆく思想であり、宗教であり、感性である。

妙なる畑に立ちて

川口由一著・A5判上製・三二八頁・二八〇〇円＋税

耕さず、肥料は施さず、農薬除草剤は用いず、草も虫も敵としない、生命の営みに任せた農のあり方を、写真と文章で紹介。この田畑からの語りかけは、農業にたずさわる人はもちろん、他のあらゆる分野に生きる人々に、大いなる〈気づき〉と〈安心〉をもたらすだろう。

熱帯雨林からの声　森に生きる民族の証言

ブルーノ・マンサー著、橋本雅子訳・A5判・二五六頁・二六〇〇円＋税

熱帯木材を大量輸入する日本。その一方で先住民族の生活の森が急激に消えてゆく。ボルネオ島サラワクのジャングルで伝統的に暮らすプナン民族とともに生きた著者が、森に住む人々の証言と多彩なスケッチでその真実を訴える。森で暮らすことは許されないのか！